Peklo

Dr. Jaerock Lee

1

2

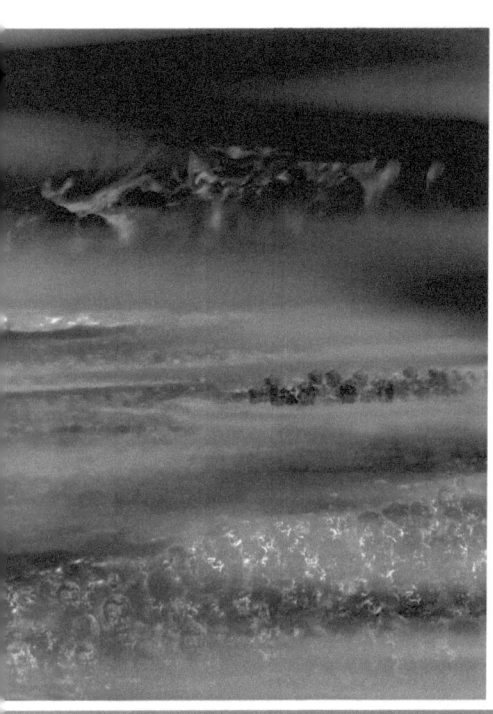

1 Krv vytekajúca z mnohých nespasených duší, ktoré sú príšerne mučené, vytvára obrovskú, tečúcu rieku.

2 Odporne škaredí poslovia pekla majú tváre podobné ľuďom alebo rôznym škaredým a nečistým zvieratám.

3 Na brehoch krvavej rieky je mučených veľa detí, ktoré sú vo veku od šiestich rokov až do veku tesne pred dosiahnutím puberty. Podľa závažnosti ich hriechov sú ich telá pochované hlbšie v blate a bližšie ku krvavej rieke.

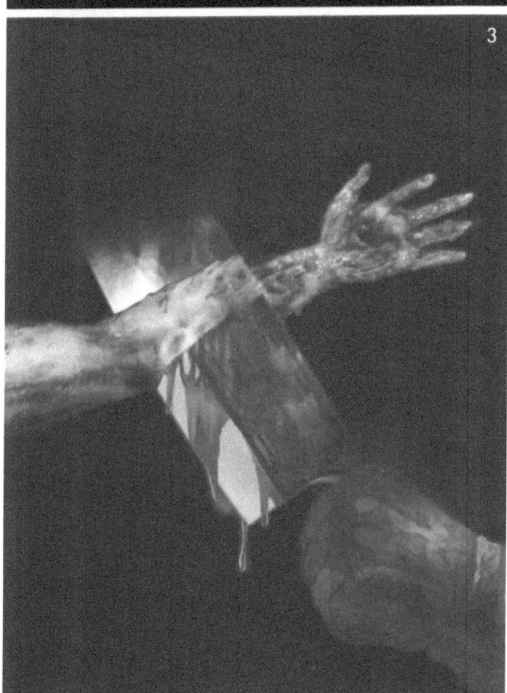

1 Zapáchajúci bazén s odpadovou vodou je naplnený mnohým hrôzostrašným hmyzom a tento hmyz ohlodáva telá duší uväznených v bazéne. Hmyz im cez brucho prepichuje telá.

2,3 Neskutočne škaredý posol pekla s tvárou prasaťa pripravuje na mučenie širokú škálu nástrojov, od malej dýky až po sekeru. Posol pekla krája na kúsky telo duše, ktorá je priviazaná ku stromu.

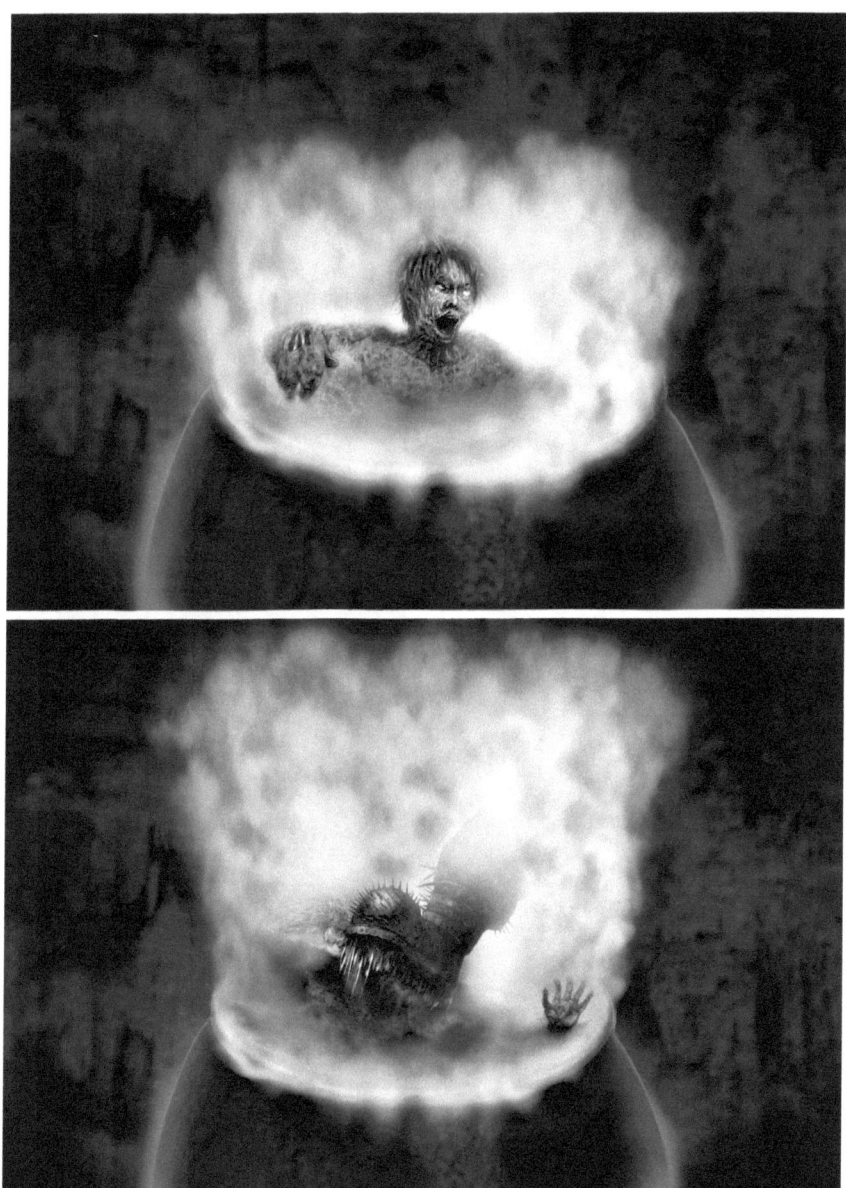

Vriaci kotol je naplnený hrozným zápachom a vriacou tekutinou. Do kotla sú jedna po druhej ponárané duše, ktoré boli kedysi manželmi. Zatiaľ čo jedna duša trpí, druhá prosí, aby partnerov trest trval dlhšie.

S ústami orvorenými dokorán a vycerenými ostrými zubami, nespočítateľné množstvo maličkého hmyzu naháňa duše, ktoré lezú po útese. Vydesené duše sú okamžite pokryté hmyzom a padajú na zem.

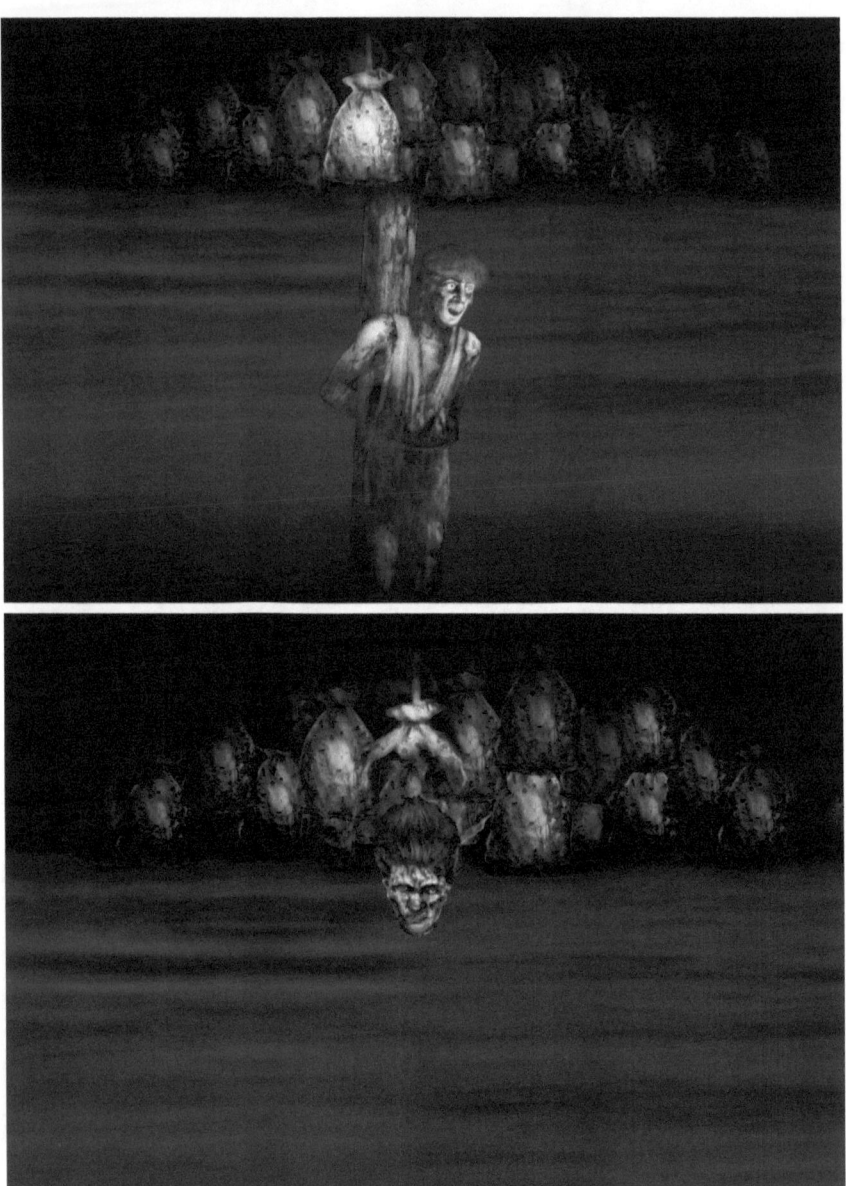

Nespočetné množstvo príšerných čiernych hláv ľudí, ktorí ho nasledovali v boji proti Bohu, ostrými zubami nahnevane hryzú celé telo rebela. Toto mučenie je horšie ako ohlodávanie hmyzom alebo roztrhanie zvermi.

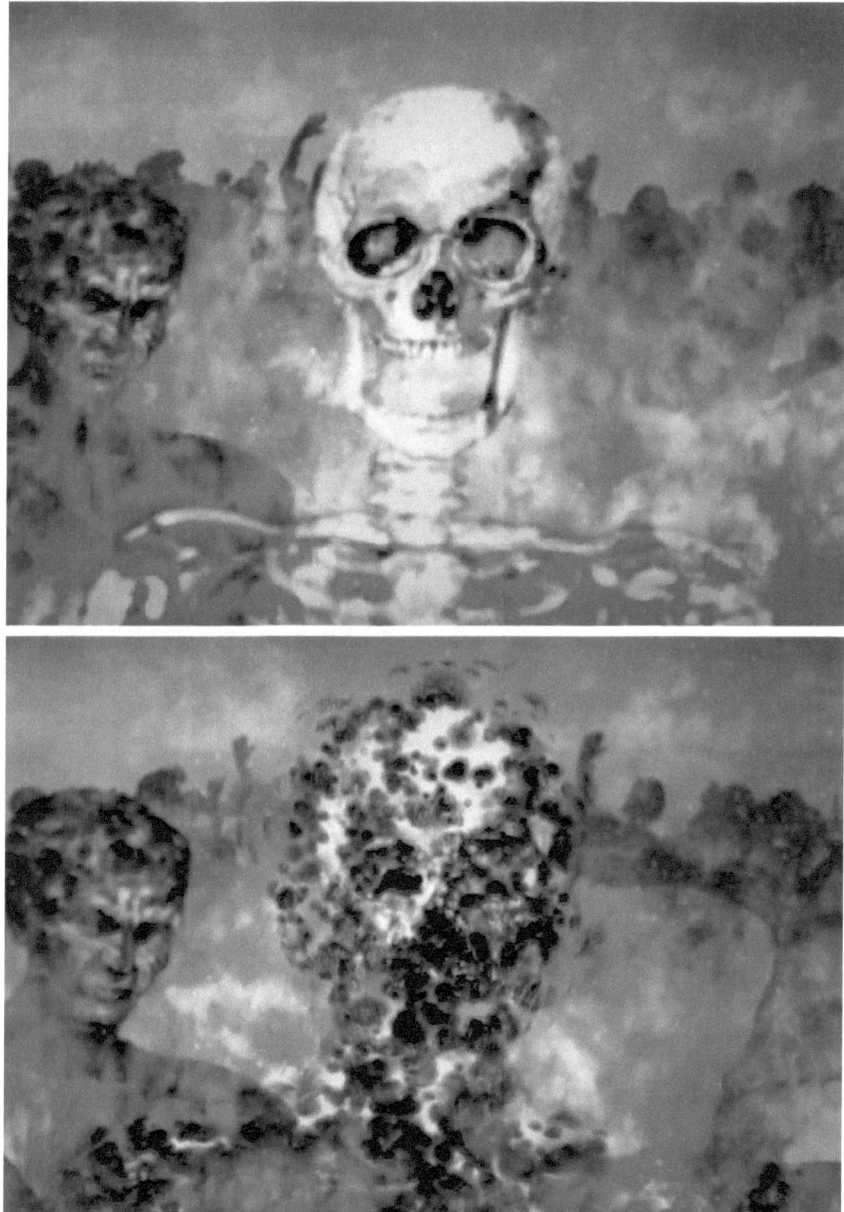

Duše, ktoré sú hodené do ohnivého jazera, skáču a vrieskajú od bolesti. Ich oči sa postupne podlievajú krvou, ich mozog praskne a vytečú z neho všetky tekutiny.

Predpokladajme, že niekto vypije tekutinu, ktorá vznikne roztavením železa vo vysokej peci, jeho vnútorné orgány sa spália. Duše, ktoré sú odsúdené skončiť v jazere horiacej síry, nemôžu nariekať alebo myslieť, sú iba pohltené bolesťou.

„Ten chudák umrel a anjeli
ho zaniesli do Abrahámovho lona.
Zomrel aj boháč a pochovali ho.
Potom v pekle v mukách pozdvihol oči
a zďaleka uzrel Abraháma a Lazára v jeho lone.
I zvolal: Otec Abrahám, zľutuj sa nado mnou a pošli Lazára,
nech si namočí aspoň konček prsta vo vode a ovlaží mi jazyk,
lebo sa v tomto plameni hrozne trápim.
No Abrahám odpovedal: Syn môj,
rozpomeň sa,
že ty si za svojho života dostával všetko dobré a Lazár zasa zlé.
Teraz on sa tu teší a ty sa trápiš.
A okrem toho je medzi nami a vami veľká priepasť,
takže nik — čo ako by chcel — nemôže prejsť odtiaľto
k vám ani odtiaľ prekročiť k nám.
Tu povedal: Prosím ťa, otče, pošli ho do domu môjho otca.
Mám totiž piatich bratov.
Nech im vydá svedectvo,
aby sa nedostali aj oni na toto miesto múk.
Abrahám mu odpovedal:
Majú Mojžiša a prorokov, nech ich poslúchajú.
Ale on povedal: Nie, otec Abrahám.
Ale ak príde niekto z mŕtvych, budú sa kajať.
Odpovedal mu:
Ak neposlúchajú Mojžiša a prorokov,
nedajú sa presvedčiť,
ani keby niekto vstal z mŕtvych."

Lk. 16:22-31

Peklo

„kde ich červ neumiera a oheň nezhasína.
Lebo každý bude ohňom solený."
(Mk. 9:48-49)

Peklo

Dr. Jaerock Lee

Peklo by Dr. Jaerock Lee
V anglickom jazyku pod názvom Hell vydavateľstvo Urim Books
(Predstaviteľ: Seongnam Vin)
73, Yeouidaebang-ro 22-gil, Dongjak-gu, Soul, Kórea
www.urimbooks.com

Všetky práva vyhradené. Táto kniha ani jej časti nesmú byť akoukoľvek formou reprodukované, uložené v systéme vyhľadávania informácií alebo šírené v akejkoľvek forme alebo akýmkoľvek spôsobom, či už elektronicky, mechanicky, fotokópiou, nahrávaním alebo inak, bez predošlého písomného dovolenia vydavateľstva.

Pri preklade biblických citátov z angličtiny do slovenčiny bol použitý zdroj: Svätá Biblia, *Jozef Roháček*, 2007. Použité s dovolením.

Copyright © 2015 Dr. Jaerock Lee
ISBN: 979-11-263-0025-9 03230
Translation Copyright © 2012 Dr. Esther K. Chungová. Použité s dovolením.

Pôvodne vydané v kórejskom jazyku v roku 2002 vydavateľstvom Urim Books.

Prvé vydanie December 2015

Editoval Dr. Geumsun Vin
Navrhol Editorial Bueau of Urim Books
Vytlačil Yewon Printing Company
Pre viac informácií kontaktujte urimbooks@hotmail.com

Predslov

Dúfam, že táto kniha bude slúžiť ako chlieb života, ktorý povedie nespočetné množstvo duší do krásneho neba tým, že im pomôže pochopiť lásku Boha, ktorý chce, aby všetci ľudia boli spasení...

Dnes, keď ľudia počujú o nebi a pekle, väčšina z nich odpovie negatívne: „Ako môžem veriť takýmto veciam v tejto dobe vedeckého pokroku?" „Už si niekedy bol v nebi alebo v pekle?" alebo „O týchto veciach sa dozvieš až po smrti."
Musíte vopred vedieť, že po smrti existuje život. Je príliš neskoro, keď sa poslednýkrát nadýchnete. Po poslednom vydýchnutí na tomto svete, už nikdy nebudete mať ďalšiu šancu znova prežiť život. Čaká vás iba Boží súd, prostredníctvom ktorého budete žať to, čo ste zasiali na tomto svete.

Boh nám už skrze Bibliu zjavil spôsob spásy, existenciu neba a pekla a posledný súd, ktorý sa bude konať v súlade s Božím

Peklo

Slovom. Prostredníctvom mnohých starozákonných prorokov a Ježiša Boh vykonal nádherné diela Jeho moci.

Dokonca aj dnes vám Boh prostredníctvom zázrakov, znamení a ďalších nádherných diel Jeho moci vykonaných Jeho najvernejšími služobníkmi, ktoré sú zaznamenané v Biblii, dokazuje, že On je živý a Biblia je pravdivá. Aj napriek mnohým dôkazom Jeho diel, existujú neveriaci. Preto Boh ukázal Jeho deťom nebo a peklo a povzbudil ich, aby po celom svete hlásali, čo videli.

Aj mne Boh lásky podrobne zjavil nebo a peklo a vyzval ma, aby som po celom svete hlásal zvesť, pretože Kristov druhý príchod je veľmi blízko.

Keď som hlásal zvesť o hrozných a ukrutných scénach dolného podsvetia, ktoré patrí k peklu, videl som veľa členov mojej kongregácie ako sa trasú a oplakávajú duše, ktoré trpia strašnými a krutými trestami v dolnom podsvetí.

Nespasené duše zostávajú v dolnom podsvetí len do rozsudku veľkého bieleho trónu. Po rozsudku pôjdu buď do ohnivého jazera alebo do jazera horiacej síry. Tresty v ohnivom jazere alebo v jazere horiacej síry sú oveľa tvrdšie ako tresty v dolnom podsvetí.

Píšem to, čo mi Boh zjavil prostredníctvom Ducha Svätého na základe Božieho Slova v Biblii. Táto kniha môže byť nazvaná posolstvom úprimnej lásky od Boha Otca, ktorý chce zachrániť pred hriechom čo najviac ľudí tým, že im vopred oznámi nekonečné utrpenie v pekle.

Boh dal svojho vlastného Syna, aby zomrel na kríži za

Predslov

zachránu všetkých ľudí. Taktiež nechce, aby ani jedna duša išla do ukrutného pekla. Pre Boha je jedna duša cennejšia než celý svet, a preto je nesmierne nadšený, teší sa a oslavuje s nebeskými zástupmi a anjelmi, keď je človek spasený vierou.

Všetku slávu a vďaku vzdávam Bohu, ktorý ma viedol k vydaniu tejto knihy. Dúfam, že získate pravú vieru a pochopíte srdce Boha, ktorý nechce, aby ani jedna duša išla do pekla. Taktiež vás nabádam, aby ste usilovne hlásali evanjelium všetkým dušiam, ktoré kráčajú cestou do pekla.

Tiež ďakujem vydavateľstvu Urim Books a jeho zamestnancom, vrátane Geumsuna Vina, riaditeľa redakčného úradu. Dúfam, že všetci čitatelia pochopia, že po smrti naozaj existuje večný život a posledný súd a dosiahnu dokonalú spásu.

Jaerock Lee

Úvod

Modlím sa, aby si nespočetné množstvo duší uvedomilo utrpenie v pekle, kajali sa, vrátili sa z cesty smrti a boli spasení...

Dr. Jaerock Lee, starší pastor Manminskej centrálnej cirkvi, sa inšpiráciou Duchom Svätým dozvedel o živote po smrti a o ukrutnom pekle. Zozbierali sme jeho posolstvá a dnes zverejňujeme dielo *Peklo*, aby sa nespočetné množstvo ľudí jasne a presne dozvedelo o pekle. Všetku slávu a vďaku vzdávam Bohu.

Mnoho ľudí sa dnes zaujíma o živote po smrti, ale s našimi obmedzenými schopnosťami je pre nás nemožné získať nejaké odpovede. Táto kniha je živý a úplný opis pekla, ktoré nám bolo čiastočne odhalené v Biblii. Kniha *Peklo* sa skladá z deviatich kapitol.

Kapitola 1, „Skutočne existuje nebo a peklo?", rozpráva o

celkovej štruktúre neba a pekla. Prostredníctvom podobenstva o boháčovi a žobrákovi Lazárovi v Lk. 16 je popísané horné podsvetie – kde už od starozákonných čias čakajú spasené duše – a dolné podsvetie – kde sú až do posledného súdu mučené nespasené duše.

V kapitole 2, „Spása ľudí, ktorí evanjelium nikdy nepočuli", je vysvetlený rozsudok svedomia. Tiež sú popísané špecifické kritériá rozsudku pre mnohé prípady: nenarodené deti v dôsledku interupcie alebo samovoľného potratu, deti od narodenia do piatich rokov a deti vo veku od šiestich do dvanástich rokov.

Kapitola 3, „Dolné podsvetie a totožnosť poslov pekla", opisuje čakáreň v dolnom podsvetí. Ľudia po smrti zostávajú tri dni v čakárni v dolnom podsvetí a potom sú poslaní na rôzne miesta v dolnom podsvetí podľa závažnosti ich hriechov, kde sú mučení až do rozsudku veľkého bieleho trónu. Tiež je vysvetlená totožnosť zlých duchov, ktorí riadia dolné podsvetie.

Kapitola 4, „Tresty nespasených detí v dolnom podsvetí", svedčí o tom, že ani niektoré nedospelé deti, ktoré nie sú schopné rozlíšiť dobro od zla, nebudú spasené. Rôzne druhy trestov týchto detí sú rozdelené do kategórií podľa vekových skupín: tresty ľudských plodov a dojčiat, tresty batoliat, tresty detí vo veku troch až piatich rokov a tresty deti od šiestich do dvanástich rokov.

Kapitola 5, „Tresty ľudí, ktorí zomreli po trinástom roku života", vysvetľuje tresty určené pre ľudí po trinástom roku života. Tresty pre každého vo veku nad približne trinásť rokov sú

Peklo rozdelené do štyroch úrovní podľa závažnosti ich hriechov. Čím sú hriechy vážnejšie, tým väčšie tresty ľudia dostanú.

Kapitola 6, „Tresty za rúhanie sa Duchu Svätému", pripomína čitateľom, ako je uvedené v Biblii, že sú niektoré neodpustiteľné hriechy, z ktorých sa nemôžete kajať. Prostredníctvom podrobných príkladov kapitola tiež popisuje rôzne druhy trestov.

Kapitola 7, „Spasenie počas veľkého súženia", nás varuje, že žijeme na konci vekov a Pánov návrat je veľmi blízko. Táto kapitola podrobne vysvetľuje, čo sa stane v čase Kristovho príchodu, a že ľudia, ktorí prežijú súženie, môžu byť spasení iba skrze mučeníctvo. Tiež vás vyzýva, aby ste sa pripravili ako krásne nevesty Pána Ježiša, a mali tak účasť na sedemročnej svadobnej hostine a vyhli sa tak ponechaniu na zemi po období nadšenia.

Kapitola 8, „Trest v pekle po poslednom súde", upresňuje súd na konci tisícročia, ako budú nespasené duše presunuté z dolného podsvetia do pekla, rôzne druhy trestov im udelené a osud a tresty zlých duchov.

Kapitola 9, „Prečo musel Boh lásky stvoriť peklo?", vysvetľuje hojnú a pretekajúcu Božiu lásku, ktorá sa prejavila skrze obetovanie Jeho jediného Syna. Záverečná kapitola podrobne vysvetľuje, prečo tento Boh lásky musel stvoriť peklo.

Kniha *Peklo* tiež nabáda, aby ste pochopili lásku Boha, ktorý chce, aby všetky duše boli spasené a bdeli vo viere. Dielo *Peklo* sa uzatvára tým, že vás povzbudzuje viesť čo najviac duší na cestu spásy.

Boh je plný milosrdenstva, súcitu a samotnej lásky. Dnes, so

Úvod

srdcom otca, ktorý čaká na návrat svojho márnotratného syna, Boh túžobne čaká na všetky stratené duše, aby sa zbavili hriechov a získali spásu.

Preto túžobne dúfam, že nespočetné množstvo duší po celom svete pochopí a uvedomí si, že toto ukrutné peklo naozaj existuje a rýchlo sa vrátia k Bohu. V mene Ježiša Krista sa tiež modlím, aby všetci veriaci v Pána boli ostražití a bdelí a priviedli do neba čo najviac ľudí.

Geumsun Vin
Riaditeľ redakčného úradu

Obsah

Predslov

Úvod

Kapitola 1 –

Skutočne existuje nebo a peklo? • 1

Nebo a peklo určite existujú
Podobenstvo o boháčovi a žobrákovi Lazárovi
Štruktúra neba a pekla
Horné podsvetie a raj
Dolné podsvetie – čakáreň na ceste do pekla

Kapitola 2 –

Spása ľudí, ktorí evanjelium nikdy nepočuli • 23

Rozsudok svedomia
Nenarodené deti v dôsledku interupcie alebo samovoľného potratu
Deti od narodenia do piatich rokov
Deti od šiestich do dvanástich rokov
Boli Adam a Eva spasení?
Čo sa stalo s prvým vrahom Kainom?

Kapitola 3 –

Dolné podsvetie a totožnosť poslov pekla • 53

Ľudia sú do dolného podsvetia vedení poslami pekla
Čakáreň na svet zlých duchov
Rôzne tresty za rôzne hriechy v dolnom podsvetí
V dolnom podsvetí vládne Lucifer
Totožnosť poslov pekla

Kapitola 4 –

Tresty nespasených detí v dolnom podsvetí • 69

Ľudský plod a dojča
Batoľatá
Deti schopné chodiť a rozprávať
Deti vo veku šesť až dvanásť rokov
Malí chlapci, ktorí sa posmievali prorokovi Elizeovi

Kapitola 5 –

Tresty ľudí, ktorí zomreli po trinástom roku života • 85

Prvá úroveň trestu
Druhá úroveň trestu
Trest faraóna
Tretia úroveň trestu
Trest Piláta Pontského
Trest Saula, prvého kráľa Izraela
Štvrtá úroveň trestu Judáša Iškariotského

Kapitola 6 –

Tresty za rúhanie sa Duchu Svätému • 127

Utrpenie v kotli s vriacou tekutinou
Lezenie po kolmom útese
Spálenie úst horúcim železom
Obrovské mučiace zariadenia
Priviazanie ku kmeňu stromu

Kapitola 7 –

Spasenie počas veľkého súženia • 153

Príchod Krista a nadšenie
Sedemročné veľké súženie
Mučeníctvo počas veľkého súženia
Kristov druhý príchod a tisícročie
Príprava stať sa Pánovou krásnou nevestou

Kapitola 8 –

Trest v pekle po poslednom súde • 177

Nespasené duše idú po poslednom súde do pekla
Ohnivé jazero a jazero horiacej síry
Niektorí zostanú v dolnom podsvetí aj po poslednom súde
Zlí duchovia budú uväznení v priepasti
Kde skončia démoni?

Kapitola 9 –

Prečo musel Boh lásky stvoriť peklo? • 209

Božia trpezlivosť a láska
Prečo musel Boh lásky stvoriť peklo?
Boh chce, aby všetci ľudia boli spasení
Odvážne šíriť evanjelium

Kapitola 1

Skutočne existuje nebo a peklo?

Nebo a peklo určite existujú
Podobenstvo o boháčovi a žobrákovi Lazárovi
Štruktúra neba a pekla
Horné podsvetie a raj
Dolné podsvetie – čakáreň na ceste do pekla

„On odpovedal: Preto,
že vám je dané poznať tajomstvá nebeského kráľovstva,
ale im nie je dané."
- Mt. 13:11 -

„Ak ťa zvádza na hriech tvoje oko, vylúp si ho;
lepšie ti bude, ak vojdeš do Božieho kráľovstva jednooký,
než ako by ťa mali s oboma očami vrhnúť do pekla."
- Mk. 9:47 -

Skutočne existuje nebo a peklo?

Väčšina ľudí okolo nás sa bojí smrti a žije v strachu a úzkosti zo straty života. Ale nehľadajú Boha, pretože neveria v posmrtný život. Dokonca aj veľa ľudí, ktorí vyznávajú vieru v Krista, nežije vo viere. Ľudia pochybujú a neveria v posmrtný život kvôli ich hlúposti, aj keď nám Boh už v Biblii zjavil život po smrti, nebo a peklo. Posmrtný život je neviditeľný duchovný svet. Preto to ľudia nemôžu pochopiť, ak im to nedovolí Boh. Ako je opakovane uvedené v Biblii, nebo a peklo určite existujú. To je dôvod, prečo Boh mnohým ľuďom po celom svete zjavuje nebo a peklo a dovoľuje, aby ich šírili do všetkých kútov sveta.

„Nebo a peklo určite existujú."

„Nebo je krásne a fascinujúce miesto, zatiaľ čo peklo je bezútešné a úbohé miesto, ktoré si nedokážete ani predstaviť. Dôrazne vás vyzývam veriť v existenciu posmrtného života."

„Je na vás, či pôjdete do neba alebo do pekla. Aby ste sa vyhli peklu, mali by ste ihneď konať pokánie zo všetkých vašich hriechov a prijať Ježiša Krista."

„Peklo určite existuje. Je to miesto, kde ľudia naveky trpia ohňom. Je tiež pravda, že existuje nebo. Nebo môže byť vašim trvalým bydliskom."

Od mája 1984 mi Boh lásky vysvetľoval nebo. V marci 2000 mi začal podrobne vysvetľovať peklo. Požiadal ma, aby som do

Peklo

celého sveta šíril to, čo som sa dozvedel o nebi a pekle, aby ani jeden človek nebol potrestaný skončiť v ohnivom jazere alebo v jazere horiacej síry.

Boh mi ukázal dušu, ktorá s výčitkami svedomia trpela a bedákala v dolnom podsvetí, kde v agónii čakajú všetky duše, ktoré sú odsúdené na večnosť v pekle. Táto duša odmietla prijať Pána aj napriek mnohým príležitostiam počuť evanjelium, a nakoniec po smrti išla do pekla. Toto je jej vyznanie:

Počítam dni.
Počítam, počítam a počítam, ale sú nekonečné.
Mala som sa snažiť prijať Ježiša Krista,
keď mi o ňom hovorili.
Čo mám teraz robiť?

Moje výčitky svedomia sú teraz úplne zbytočné.
Neviem, čo mám teraz robiť.
Chcem sa vyhnúť tomuto utrpeniu,
ale neviem, čo mám robiť.

Napočítala som jeden deň, dva dni a tri dni.
Ale aj keď počítam dni týmto spôsobom,
teraz už viem, že je to zbytočné.
Trhá mi to srdce.
Čo mám robiť? Čo mám robiť?
Ako sa môžem dostať z tejto veľkej bolesti?
Čo mám robiť, ach, moja úbohá duša?

Ako to môžem vydržať?

Nebo a peklo určite existujú

Hebr. 9:27 hovorí: „*A ako je ustanovené, že ľudia raz zomrú a potom bude súd.*" Všetci ľudia musia zomrieť, keď sa poslednýkrát nadýchnu a po poslednom súde vstúpia buď do neba, alebo do pekla.

Boh chce, aby všetci ľudia išli do neba, lebo On je láska. Boh pred začiatkom vekov pripravil Ježiša Krista, a keď nadišiel čas, otvoril dvere spásy ľudských bytostí. Boh nechce, aby ani jedna duša išla do pekla.

Rim. 5:7-8 hovorí: „*Sotvakto zomrie za spravodlivého; hoci za dobrého by sa azda niekto odhodlal umrieť. Ale Boh dokazuje svoju lásku k nám tým, že Kristus zomrel za nás, keď sme boli ešte hriešnici.*" Boh skutočne preukázal svoju lásku k nám tým, že nám dal svojho jediného Syna.

Dvere spásy sú otvorené dokorán, a tak každý, kto prijme Ježiša Krista za svojho osobného Spasiteľa, bude spasený a vstúpi do neba. Ale väčšina ľudí nemá záujem o nebo a peklo, aj keď o nich počujú. Navyše, niektorí z nich dokonca prenasledujú ľudí, ktorí hlásajú evanjelium.

Najsmutnejšie je, že ľudia, ktorí tvrdia, že veria v Boha, stále milujú svet a páchajú hriechy, pretože v skutočnosti nedúfajú v nebo a z pekla nemajú strach.

Peklo

Prostredníctvom výpovedí svedkov a Biblie

Nebo a peklo sú v duchovnom svete, ktorý skutočne existuje. Biblia mnohokrát spomína existenciu neba a pekla. Svedčia o nich tí, ktorí v nebi alebo v pekle boli. Napríklad, v Biblii nám Boh hovorí, aké ukrutné je peklo, aby sme tak po smrti namiesto pádu do pekla, mohli získať večný život v nebi.

„*Ak by ťa zvádzala na hriech tvoja ruka, odtni ju: je pre teba lepšie, keď vojdeš do života zmrzačený, ako keby si mal ísť s obidvoma rukami do pekla, do neuhasiteľného ohňa. (Kde ich červ neumiera a oheň nezhasína.) Ak ťa zvádza na hriech tvoja noha, odtni ju: je pre teba lepšie, keď vojdeš do života krivý, ako keby ťa mali s obidvoma nohami hodiť do pekla. (Kde ich červ neumiera a oheň nezhasína.) A ak ťa zvádza na hriech tvoje oko, vylúp ho: je pre teba lepšie, keď vojdeš do Božieho kráľovstva s jedným okom, ako keby ťa mali s obidvoma očami vrhnúť do pekla, kde ich červ neumiera a oheň nezhasína. Lebo každý bude ohňom solený*" (Mk. 9:43-49).

Tí, ktorí boli v pekle, svedčia o tom istom, ako hovorí Biblia. O pekle „kde ich červ neumiera a oheň nezhasína. Lebo každý bude ohňom solený."

Je jasné ako krištáľ, že po smrti existuje nebo a peklo, ako je napísané v Biblii. Preto by ste mali vstúpiť do neba tým, že budete žiť v súlade s Božím Slovom a vo svojej mysli veriť v existenciu neba a pekla. Nemali by ste nariekať s výčitkami svedomia, tak ako vyššie uvedená duša, ktorá naveky trpí v podsvetí, pretože odmietla prijať Pána, napriek mnohým príležitostiam počuť evanjelium. V Jn. 14:11-12 Ježiš hovorí: „*Verte mi, že ja som v Otcovi a Otec vo mne. Ak nie pre iné, aspoň pre tie skutky verte! Veru, veru, hovorím vám: Aj ten, kto verí vo mňa, bude konať skutky, aké ja konám, ba bude konať ešte väčšie, lebo ja idem k Otcovi.*"

Môžete spoznať, že niekto je Božím človekom, keď ho sprevádzajú mocné diela, ktoré sú nad ľudské schopnosti a môžete tiež potvrdiť, že jeho posolstvá sú v súlade s pravým Božím Slovom.

Na celosvetových výpravách šírim posolstvo Ježiša Krista a vykonávam diela moci živého Boha. Keď sa modlím v mene Ježiša Krista, nespočetné množstvo ľudí uverí a získava spásu, pretože sa uskutočňujú úžasné diela moci: slepí vidia, nemí hovoria, chromí chodia, umierajúci sú vzkriesení, a tak ďalej.

Týmto spôsobom Boh skrze mňa uskutočňuje Jeho mocné diela. Tiež mi podrobne vysvetľuje nebo a peklo a dovoľuje mi, aby som ich hlásal po celom svete, aby bolo čo najviac ľudí spasených.

Dnes sa mnoho ľudí zaujíma o život po smrti – duchovný svet – ale je nemožné jednoznačne sa dozvedieť o duchovnom svete iba s ľudským úsilím. Môžete sa o ňom čiastočne dozvedieť skrze Bibliu. Ale jednoznačne ho pochopíte len vtedy, keď vám to Boh zjaví skrze Ducha Svätého, ktorý skúma všetko, aj Božie hlbiny

Peklo

(1 Kor. 2:10).

Dúfam, že úplne uveríte môjmu opisu pekla na základe veršov z Biblie, pretože sám Boh mi to vysvetlil skrze úplnú inšpiráciu Duchom.

Prečo je potrebné hlásať o Božom súde a trestu v pekle

Keď kážem o pekle, tí, ktorí majú vieru, sú naplnení Duchom Svätým a bez obáv počúvajú. Avšak, sú tu aj takí, ktorých tváre stuhnú napätím a ich obvyklé pozitívne reakcie, ako je „Amen" alebo „Áno", postupne počas kázne miznú. V najhorších prípadoch ľudia so slabou vierou prestanú navštevovať bohoslužby alebo dokonca v strachu z kostola odídu, namiesto toho, aby posilnili svoju vieru nádejou na vstup do neba.

Ale peklo musím vysvetliť, pretože poznám Božie srdce. Boh je veľmi nešťastný z ľudí, ktorí kráčajú k peklu, stále žijú v temnote a robia kompromisy so svetským spôsobom života, aj keď niektorí z nich tvrdia, že veria v Ježiša Krista.

Peklo podrobne vysvetlím, aby Božie deti opustili tmu a prebývali vo svetle. Boh chce, aby Jeho deti konali pokánie a vstúpili do neba, aj keď majú strach a nepríjemný pocit, keď počujú o Božom súde a trestoch v pekle.

Podobenstvo o boháčovi a žobrákovi Lazárovi

V Lk. 16:19-31 boháč a žobrák Lazár išli po smrti do podsvetia. Situácia a podmienky miest, kde od tej doby obaja prebývali, boli výrazne odlišné.

Boháč sa veľmi trápil v ohni, zatiaľ čo Lazár bol po Abrahámovom boku ďaleko za veľkou priepasťou. Prečo? V starozákonných časoch bol Boží rozsudok vykonávaný podľa Mojžišovho zákona. Na jednej strane, boháč dostal trest ohňa, pretože neveril v Boha, aj keď na tomto svete žil vo veľkom prepychu. Na druhej strane, žobrák Lazár sa mohol tešiť z večného odpočinku, pretože veril v Boha, aj keď bol pokrytý vredmi a túžil jesť to, čo spadlo z boháčovho stola.

Posmrtný život určený Božím súdom

V Starom zákone naši predkovia viery, vrátane Jakuba a Jóba, hovoria, že po smrti pôjdu do podsvetia (Gn. 37:35; Jób 7:9). Kore a všetci jeho muži, ktorí povstali proti Mojžišovi, v dôsledku Božieho hnevu išli do podsvetia zaživa (Nm. 16:33).

Starý zákon tiež spomína „podsvetie" a „záhrobie". Podsvetie je slovo vystihujúce aj „šeol", aj „záhrobie". Podsvetie je rozdelené do dvoch častí: horné podsvetie, ktoré patrí k nebu a dolné podsvetie, ktoré patrí k peklu.

A tak viete, že predkovia viery, ako Jakub a Jób a žobrák Lazár, išli do horného podsvetia patriacemu k nebu, zatiaľ čo Kore a boháč išli do dolného podsvetia, ktoré patrí k peklu.

Peklo

Aj život po smrti určite existuje a všetci muži a ženy sú predurčení ísť do neba alebo do pekla v súlade s Božím rozsudkom. Dôrazne vás vyzývam veriť v Boha, aby ste boli zachránení pred cestou do pekla.

Štruktúra neba a pekla

Biblia nazýva nebo a peklo rôznymi menami. Ale môžete si všimnúť, že nebo a peklo nie sú na rovnakom mieste.

Inými slovami, nebo je nazývané „horné podsvetie", „raj" alebo „Nový Jeruzalem." To je preto, lebo nebo, domov spasených duší, je rozdelené do kategórií a do mnohých rôznych miest.

Ako som už vysvetlil v knihách „*Miera viery*" a „*Nebo I & I*", do akej miery obnovíte stratený obraz Boha Otca, o toľko bližšie môžete v Novom Jeruzaleme žiť pri Božom tróne. A tiež podľa miery viery môžete vstúpiť do tretieho, druhého alebo prvého nebeského kráľovstva. Tí, ktorí získali hanebné spasenie, vstúpia do raja.

Domov nespasených duší alebo zlých duchov je tiež označovaný ako „dolné podsvetie", „ohnivé jazero", „jazero horiacej síry" alebo „bezodná priepasť." Rovnako ako sa nebo delí na mnohé miesta, aj peklo je rozdelené do viacerých častí, pretože príbytky duší sa navzájom líšia podľa miery zlých skutkov, ktoré spáchali na tomto svete.

Štruktúra neba a pekla

Pre lepšie pochopenie štruktúry neba a pekla, predstavte si kosoštvorcový tvar diamantu (◇). Ak je tento tvar rozrezaný na polovicu, dostaneme trojuholník (△) a obrátený trojuholník (▽). Predpokladajme, že horný trojuholník predstavuje nebo a obrátený trojuholník predstavuje peklo.

Najvyššia časť horného trojuholníka predstavuje Nový Jeruzalem, zatiaľ čo najnižšia časť je horné podsvetie. Inými slovami, nad horným podsvetím je raj, prvé nebeské kráľovstvo, druhé nebeské kráľovstvo, tretie nebeské kráľovstvo a Nový Jeruzalem. Ale nemali by ste o týchto kráľovstvách premýšľať ako o prvom, druhom alebo treťom poschodí na tomto svete. V duchovnej oblasti nie je možné nakresliť čiaru na oddelenie území, ako je to na tomto svete, a určiť tvar. Týmto spôsobom to vysvetľujem len preto, aby telesní ľudia dokázali jasnejšie pochopiť nebo a peklo.

V hornom trojuholníku vrchol zodpovedá Novému Jeruzalemu, zatiaľ čo najnižšia úroveň je horné podsvetie. Inými

Peklo

slovami, čím vyššie v trojuholníku idete, tým lepšie nebeské kráľovstvo nájdete.

Na druhej strane, najvyššia a najširšia časť v obrátenom trojuholníku predstavuje dolné podsvetie. Čím bližšie ku dnu sa dostanete, tým viac sa priblížite k hlbšej časti pekla: k dolnému podsvetiu, ohnivému jazeru, jazeru horiacej síry a k priepasti. Priepasť je spomenutá v Lk. a v Zjv. a odkazuje na najhlbšiu časť pekla.

V hornom trojuholníku sa smerom nahor – od raja k Novému Jeruzalemu – oblasť zmenšuje. Tento tvar poukazuje na to, že počet ľudí, ktorí vstúpia do Nového Jeruzalema, je pomerne malý v porovnaní s počtom ľudí vstupujúcich do raja, prvého alebo druhého nebeského kráľovstva. Je to preto, lebo iba tí, ktorí dosiahnu svätosť a dokonalosť skrze posvätenie sŕdc tým, že nasledovali srdce Boha Otca, môžu vstúpiť do Nového Jeruzalema.

Na obrátenom trojuholníku môžete vidieť, že menej ľudí ide do hlbšej časti pekla, pretože len tí, ktorých svedomie bolo skazené, a ktorí sa dopustili najhoršieho zla, sú hodení na toto miesto. Viac ľudí, ktorí sa dopúšťa pomerne ľahkých hriechov, vstúpi do širšej, hornej časti pekla.

Nebo a peklo si možno predstaviť ako tvar diamantu. Avšak, nemali by ste dospieť k záveru, že nebo má tvar trojuholníka alebo peklo tvar obráteného trojuholníka.

Veľká priepasť medzi nebom a peklom

Medzi horným trojuholníkom – nebom – a obráteným trojuholníkom – peklom – je veľká priepasť. Nebo a peklo nie sú vedľa seba, ale sú vzdialené nezmerateľnou vzdialenosťou. Boh stanovil hranicu tak jasne preto, aby duše z neba a pekla nemohli cestovať tam a späť. Len vo veľmi mimoriadnych prípadoch udelených Bohom, je možné navzájom sa vidieť a rozprávať, ako to bolo v prípade boháča a Abraháma. Medzi dvoma symetrickými trojuholníkmi je veľká priepasť. Ľudia nemôžu cestovať medzi nebom a peklom. Avšak, ak Boh dovolí, ľudia v nebi a v pekle sa môžu v duchu navzájom vidieť, počuť a rozprávať, bez ohľadu na vzdialenosť.

Možno to pochopíte ľahšie, keď si spomeniete na to, ako sme schopní hovoriť s ľuďmi na druhej strane sveta vďaka rýchlemu pokroku a rozvoju vedy a techniky cez telefón alebo dokonca tvárou v tvár cez obrazovky prostredníctvom satelitov.

Aj keď medzi nebom a peklom je veľká priepasť, boháč mohol vidieť Lazára, ktorý odpočíval po Abrahámovom boku a s Božím dovolením sa v duchu rozprávať s Abrahámom.

Horné podsvetie a raj

Aby sme boli úplne presní, horné podsvetie nie je súčasťou neba, ale môže byť považované za patriace k nebu, zatiaľ čo dolné podsvetie je súčasťou pekla. Úloha horného podsvetia sa od starozákonnej doby po novozákonnú dobu zmenila.

Peklo

Horné podsvetie v starozákonnej dobe

V starozákonnej dobe spasené duše čakali v hornom podsvetí. Abrahám, praotec viery, mal na starosti horné podsvetie a to je dôvod, prečo Biblia uvádza, že Lazár bol pri Abrahámovi. Ale od vzkriesenia a nanebovstúpenia Pána Ježiša Krista, spasené duše už nie sú po Abrahámovom boku, ale sú prenesené do raja a sú po boku Pána. To je dôvod, prečo v Lk. 23:43 Ježiš povedal: „*Veru, hovorím ti: Dnes budeš so mnou v raji*" jednému z lotrov, ktorý konal pokánie a prijal Ježiša za Spasiteľa, keď visel po jeho boku na kríži.

Išiel Ježiš po Jeho ukrižovaní ihneď do raja? 1 Pt. 3:18-19 hovorí: „*Veď aj Kristus zomrel za hriechy raz a navždy, spravodlivý za nespravodlivých, aby nás priviedol k Bohu, pretože bol usmrtený v tele, ale oživený v duchu, v ktorom tiež išiel a urobil vyhlásenie duchom teraz vo väzení.*" Z tohto verša môžete vidieť, že Ježiš kázal evanjelium všetkým dušiam, ktoré mali byť spasené a čakali v hornom podsvetí. Podrobne to vysvetlím v druhej kapitole.

Ježiš, ktorý tri dni hlásal evanjelium v hornom podsvetí, keď vstal z mŕtvych a vystúpil do neba, priviedol do raja duše, ktoré mali byť spasené. Dnes Ježiš pripravuje v nebi miesto pre nás, ako povedal: „*idem vám pripraviť miesto*" (Jn. 14:2).

Raj v novozákonnej dobe

Spasené duše už nie sú v hornom podsvetí po tom, čo Ježiš otvoril dvere spásy. Až do ukončenia ľudskej kultivácie prebývajú na okraji raja – v čakárni na nebo. A po rozsudku veľkého bieleho trónu každý z nich podľa miery viery vstúpi na jeho miesto v nebi a bude tam žiť naveky.

V novozákonnej dobe čakajú všetky spasené duše v raji. Niektorí ľudia sa môžu pýtať, či je možné, že toľko ľudí žije v raji, pretože od doby Adama sa už narodilo nespočetné množstvo ľudí. „Pastor Lee! Ako je možné, že toľko ľudí žije v raji? Obávam sa, že nie je dostatočne veľký pre všetkých ľudí, aby žili spolu, aj keď je priestranný."

Solárny systém, do ktorého patrí naša zem, je iba smietkou v porovnaní s galaktickým systémom. Viete si predstaviť, aký veľký je galaktický systém? Avšak galaktický systém je obyčajná bodka v porovnaní s celým vesmírom. Viete si teda predstaviť, aký priestranný je celý vesmír?

Navyše, obrovský vesmír, v ktorom žijeme, je len jedným z mnohých vesmírov a rozľahlosť celého vesmíru siaha ďaleko za hranice našej predstavivosti. Preto, ak je pre vás nemožné pochopiť rozľahlosť fyzických vesmírov, ako by ste mohli pochopili nekonečnosť neba v duchovnej oblasti?

Samotný raj je veľmi priestranný, až za hranice ľudskej predstavivosti. Okraj raja je nesmierne vzdialený od najbližšieho miesta v prvom kráľovstve. Viete si teraz predstaviť, aký obrovský je samotný raj?

V raji duše získavajú duchovné poznanie

Aj keď v raji je miesto, kde sa čaká na ceste do neba, nie je to úzke alebo nudné miesto. Je také krásne, že nemôže byť

Peklo

porovnané s najúžasnejšou scenériou tohto sveta.

Duše čakajúce v raji získavajú duchovné poznanie od niektorých prorokov. Učia sa o Bohu, nebi, duchovnom zákone a o ďalších potrebných duchovných záležitostiach. V duchovnom poznaní neexistuje žiadny limit. Štúdium je úplne odlišné od štúdia na tomto svete. Nie je ťažké ani nudné. Čím viac sa učia, tým viac milosti a radosti dostávajú.

Tí, ktorí majú čisté a jemné srdce, môžu získať veľa duchovných poznatkov prostredníctvom komunikácie s Bohom aj na tomto svete. Inšpirovaní Duchom Svätým, keď vidíte všetko duchovnými očami, môžete tiež pochopiť veľa vecí. Môžete zažiť duchovnú Božiu moc aj na tomto svete, pretože môžete pochopiť duchovné zákony týkajúce sa viery a Božej odpovede na vaše modlitby a to do tej miery, do akej si obrežete srdce.

Akí šťastní a plne spokojní budete, ak sa naučíte duchovné veci a zažijete ich aj na tomto svete? Predstavte si, o koľko šťastnejší a radostnejší budete, keď získate hlbšie duchovné poznanie v raji, ktorý je časťou neba.

Kde teda žijú proroci? Žijú v raji? Nie. Duše kvalifikované na vstup do Nového Jeruzalema nečakájú v raji, ale v Novom Jeruzaleme pomáhajú Bohu s Jeho dielami.

Abrahám sa staral o horné podsvetie, až kým nebol Ježiš ukrižovaný. Ale po Ježišovom zmŕtvychvstaní a nanebovstúpení, Abrahám išiel do Nového Jeruzalema, pretože sa skončila jeho povinnosť v hornom podsvetí. Tak teda, kde bol Mojžiš a Eliáš, zatiaľ čo bol Abrahám v hornom podsvetí? Neboli v raji, ale už boli v Novom Jeruzaleme, pretože boli kvalifikovaní na vstup do

Nového Jeruzalema (Mt. 17:1-3).

Horné podsvetie v novozákonnej dobe

Možno ste videli film, v ktorom sa po smrti ľudská duša oddelí od fyzického tela a nasleduje buď anjelov z neba, alebo poslov z pekla. V skutočnosti je spasená duša potom, čo sa oddelí od tela v okamihu smrti, vedená do neba dvoma anjelmi v bielych šatách. Ten, kto o tom vie alebo sa to dozvie, nezľakne sa, keď sa po smrti jeho duša oddelí od tela. Ten, kto o tom vôbec nevie, bude v šoku, keď uvidí inú osobu, ktorá bude vyzerať presne ako on sám, ako sa oddeľuje od jeho tela. Duša oddelená od fyzického tela sa spočiatku bude cítiť veľmi zvláštne. Jej stav je veľmi odlišný od predchádzajúceho stavu, pretože teraz zažije obrovské zmeny, keďže na rozdiel od trojrozmerného sveta, bude žiť v štvorrozmernom svete.

Oddelená duša necíti váhu tela a môže byť v pokušení len tak si poletovať, pretože má pocit ľahkosti. To je dôvod, prečo dozvedieť sa o základných veciach na prispôsobenie sa duchovnému svetu, si vyžaduje nejaký čas. Preto spasené duše v novozákonnej dobe pred vstupom do raja dočasne prebývajú v hornom podsvetí, kde sa prispôsobujú duchovnému svetu.

Dolné podsvetie – čakáreň na ceste do pekla

Vrchná časť pekla je dolné podsvetie. Ak pôjdete nižšie, tam je ohnivé jazero, jazero horiacej síry a priepasť – najhlbšia časť

Peklo

pekla. Nespasené duše od začiatku vekov ešte nie sú v pekle, ale v dolnom podsvetí. Mnoho ľudí tvrdí, že boli v pekle. Môžem povedať, že skutočne videli trýznivé scény dolného podsvetia. Je to preto, lebo nespasené duše sú v rôznych častiach dolného podsvetia podľa závažnosti ich hriechov a zla, a nakoniec po rozsudku veľkého bieleho trónu budú uvrhnuté do ohnivého jazera alebo do jazera horiacej síry.

Utrpenie nespasených duší v dolnom podsvetí

V Lk. 16:24 je dobre opísané utrpenie nespaseného boháča v dolnom podsvetí. Vo svojom utrpení boháč prosil o kvapku vody: *„Otec Abrahám, zľutuj sa nado mnou a pošli Lazára, nech si namočí aspoň koniec prsta vo vode a zvlaží mi jazyk, lebo sa hrozne trápim v tomto plameni!"*

Ako sa môže duša nebáť a netriasť hrôzostrašným strachom, keďže neustále trpí v ničivom ohni uprostred bolestných výkrikov ostatných ľudí, dokonca aj bez nádeje na smrť v pekle, kde červ neumiera a oheň nezhasína?

Ukrutní poslovia pekla trápia duše v čiernočiernej tme dolného podsvetia. Celý priestor je naplnený krvavosťou a hrozným zápachom z rozkladajúcich sa mŕtvol, takže je veľmi ťažké tam aj dýchať. Ale trest v pekle sa nedá porovnať s utrpením v dolnom podsvetí.

Od tretej kapitoly ďalej, konkrétnymi príkladmi podrobnejšie popíšem, akým desivým miestom je dolné podsvetie, a aký druh neznesiteľných trestov je pripravených v ohnivom jazere a v jazere horiacej síry.

Nespasené duše majú v dolnom podsvetí výčitky svedomia

V Lk. 16:27-30 boháč neveril v existenciu pekla, ale uvedomil si svoju hlúposť a po smrti mal v ohni výčitky svedomia. Boháč prosil Abraháma, aby poslal Lazára k jeho bratom, aby sa vyhli peklu.

„Prosím ťa, Otče, pošli ho do domu môjho otca. Mám totiž piatich bratov; nech ich zaprisahá, aby sa nedostali aj oni na toto miesto múk." Abrahám mu odpovedal: „Majú Mojžiša a Prorokov nech ich počúvajú." Ale on vravel: „Nie, otec Abrahám. Ak príde k nim niekto z mŕtvych, budú robiť pokánie."

Čo by boháč povedal bratom, ak by dostal možnosť hovoriť s nimi osobne? Určite by im povedať: „Určite viem, že existuje peklo. Prosím vás, žijte podľa Božieho Slova a nepadnite do pekla, pretože peklo je ukrutným a hrozným miestom."

Aj v nekonečne trýznivej bolesti a utrpení boháč chcel zachrániť svojich bratov pred peklom a nie je pochýb o tom, že mal relatívne dobré srdce. A čo ľudia dnes?

Raz mi Boh ukázal manželský pár, ktorý bol trápený v pekle, pretože manželia opustili Boha a opustili cirkev. V pekle sa navzájom obviňovali, preklínali, nenávideli a dokonca žiadali viac bolesti pre toho druhého.

Peklo

Boháč chcel, aby jeho bratia boli spasení, pretože mal celkom dobré srdce. Ale mali by ste si uvedomiť, že aj napriek tomu bol boháč uvrhnutý do pekla. Tiež si musíte uvedomiť, že nie je možné získať spásu iba vyznávaním: „Verím." Človek je predurčený zomrieť a po smrti ísť do neba alebo do pekla. Preto by ste nemali byť nerozumnými, ale stať sa pravými veriacimi.

Múdry človek sa pripravuje na posmrtný život

Múdri ľudia sa skutočne pripravujú na posmrtný život, zatiaľ čo väčšina ľudí vytrvalo pracuje na získaní a budovaní cti, moci, bohatstva, prosperity a dlhovekosti na tomto svete.

Múdri ľudia si zbierajú bohatstvo v nebi podľa Božieho Slova, pretože vedia až príliš dobre, že si do hrobu so sebou nemôžu nič vziať.

Možno ste počuli svedectvá ľudí, ktorí nemohli nájsť svoje domy v nebi, keď tam prišli, aj keď údajne verili v Boha a viedli život v Kristovi. V nebi môžete mať veľký a krásny dom, ak starostlivo ukladáte svoje bohatstvo v nebi, zatiaľ čo žijete ako drahocenné Božie dieťa na tomto svete!

Ste naozaj požehnaní a múdri, keď bojujete o získanie a udržanie si viery na vstup do krásneho neba, pretože si s vierou usilovne zberáte odmeny v nebi a pripravujete sa ako nevesta Pána, ktorý sa veľmi skoro vráti.

Keď človek zomrie, nemôže si opäť prežiť svoj život. Preto vás prosím, aby ste mali vieru a vedeli, že existuje nebo a peklo. Navyše s vedomím, že nespasené duše v pekle veľmi trpia, mali

Skutočne existuje nebo a peklo?

by ste hlásať nebo a peklo každému, na koho narazíte v tomto živote. Predstavte si, aký s vami bude Boh spokojný!

Tí, ktorí hlásajú lásku Boha, ktorý chce viesť všetkých ľudí na cestu spásy, budú požehnaní v tomto živote a tiež budú v nebi žiariť ako slnko.

Dúfam, že budete veriť v živého Boha, ktorý vás súdi a odmeňuje a pokúsite sa stať pravými Božími deťmi. V mene Pánovom sa modlím, aby ste viedli čo najviac ľudí späť k Bohu a k spáse a boli Bohom veľmi milovaní.

Kapitola 2

Spása ľudí, ktorí evanjelium nikdy nepočuli

Rozsudok svedomia

Nenarodené deti v dôsledku interupcie alebo samovoľného potratu

Deti od narodenia do piatich rokov

Deti od šiestich do dvanástich rokov

Boli Adam a Eva spasení?

Čo sa stalo s prvým vrahom Kainom?

*„Keď teda pohania, ktorí nemajú zákon,
od prírody konajú, čo žiada zákon,
aj keď nemajú zákon, sami sú si zákonom.
Dávajú najavo, že to, čo žiada zákon,
zapísané je v ich srdciach.
Súčasne o tom vydáva svedectvo ich svedomie
a ich myšlienky sa navzájom obviňujú alebo obraňujú.*
- Rim. 2:14-15 -

*„Pán mu však povedal: Nie, to sa nestane,
lebo ktokoľvek by zabil Kaina,
toho postihne sedemnásobná pomsta.
Pán poznačil Kaina, aby ho nikto,
kto ho stretne, nezabil."*
- Gn. 4:15 -

Boh dokázal svoju lásku k nám tým, že dal svojho jediného Syna Ježiša Krista, aby bol ukrižovaný za spásu všetkých ľudí.

Rodičia milujú svoje malé deti, ale chcú, aby deti dospeli natoľko, aby pochopili ich srdce a spolu sa delili o radosť aj bolesť. Rovnako aj Boh chce, aby všetci ľudia boli spasení. Okrem toho Boh chce, aby Jeho deti dostatočne vyzreli vo viere, a tak spoznali srdce Boha Otca a delili sa Ním o hlbokú lásku. To je dôvod, prečo apoštol Pavol v 1 Tim. 2:4 píše, že Boh chce, aby všetci ľudia boli spasení a došli k poznaniu pravdy.

Mali by ste vedieť, že Boh podrobne ukazuje peklo a duchovný svet preto, lebo vo svojej láske chce, aby všetci ľudia získali spasenie a vo viere úplne dozreli.

V tejto kapitole podrobne vysvetlím, či je možné, aby boli spasení tí, ktorí zomreli bez poznania Ježiša Krista.

Rozsudok svedomia

Mnoho ľudí, ktorí neveria v Boha, uznávajú aspoň existenciu neba a pekla. Ale do neba nemôžu vstúpiť len preto, že uznávajú nebo a peklo.

Ako Ježiš hovorí v Jn. 14:6: *„Ja som cesta, pravda a život. Nik nepríde k Otcovi, iba cezo mňa"*, môžete byť spasení a ísť do neba len skrze Ježiša Krista.

Ako teda môžete byť spasení? Apoštol Pavol nám v Rim. 10:9-10 ukazuje cestu istej spásy:

Peklo

> *Lebo ak svojimi ústami vyznávaš: "Ježiš je Pán!" a vo svojom srdci uveríš, že Boh ho vzkriesil z mŕtvych, budeš spasený. Lebo srdcom veríme na spravodlivosť a ústami vyznávame na spásu.*

Predpokladajme, že sú ľudia, ktorí nepoznajú Ježiša Krista. A teda nemôžu vyznať, že "Ježiš je Pán", a ani v Neho v srdciach uveriť. Je teda pravda, že nikto z nich nemôže byť spasený?

Mnoho ľudí žilo ešte pred Ježišovým príchodom na zem. Aj v novozákonnej dobe boli ľudia, ktorí zomreli bez toho, aby vôbec počuli evanjelium. Môžu byť títo ľudia spasení?

Aký by bol osud ľudí, ktorí zomreli skôr, ako dozreli dosť na to, aby získali vieru? A čo nenarodené deti, ktoré zomreli v dôsledku interupcie alebo samovoľného potratu? Pôjdu bezpodmienečne do pekla, pretože neverili v Ježiša Krista? Nie, nepôjdu.

Boh lásky Jeho spravodlivosťou otvára dvere spásy pre každého skrze "rozsudok svedomia."

Tí, ktorí hľadali Boha a žili s čistým svedomím

Rim. 1:20 hovorí: *"Veď to, čo je v ňom neviditeľné – jeho večnú moc a božstvo – možno od stvorenia sveta rozumom poznávať zo stvorených vecí; takže nemajú výhovorky."* To je dôvod, prečo ľudia s dobrým srdcom veria v existenciu Boha, pretože vidia to, čo bolo stvorené.

Kaz. 3:11 nám hovorí, že Boh dal do sŕdc ľudí večnosť. A tak dobrí ľudia hľadajú boha od prírody a nejasne veria v posmrtný život. Dobrí ľudia sa obávajú nebies a snažia sa viesť dobrý a spravodlivý život, aj keď možno evanjelium nikdy nepočuli. Preto do istej miery žijú podľa vôle ich bohov. Ak by evanjelium počuli, určite by boli prijali Pána a vstúpili do neba.

Z tohto dôvodu Boh dovolil, aby dobré duše zostali v hornom podsvetí ako cesta ich vstupu do neba, až kým Ježiš nezomrel na kríži. Po ukrižovaní Ježiša ich Boh viedol k spaseniu skrze krv Ježiša, pretože si vypočuli evanjelium.

Počúvať evanjelium v hornom podsvetí

Biblia nám hovorí, že po smrti na kríži Ježiš hlásal evanjelium v hornom podsvetí.

Ako hovorí 1 Pt. 3:18-19: *„Veď aj Kristus raz navždy trpel za hriechy, spravodlivý za nespravodlivých, aby vás priviedol k Bohu. Bol usmrtený v tele, ale Duchom oživený. V ňom prišiel a kázal aj duchom, čo boli vo väzení."* Ježiš hlásal evanjelium dušiam v hornom podsvetí, aby aj ony mohli byť spasené skrze Jeho krv.

Po vypočutí evanjelia ľudia, ktorí ho nepočuli počas ich pozemského života, konečne dostali šancu dozvedieť sa, kto bol Ježiš Kristus a boli spasení.

Boh nedal žiadne iné meno okrem Ježiš Kristus, ktoré by viedlo ľudí ku spáse (Sk. 4:12). Aj ľudia v novozákonnej dobe, ktorí nemali príležitosť počuť evanjelium, sú spasení skrze rozsudok ich svedomia. Tri dni zostávajú v hornom podsvetí, kde si vypočujú evanjelium a potom idú do neba.

Ľudia so skazeným svedomím nikdy nehľadajú Boha, žijú v hriechu a oddávajú sa vlastným vášňam. Evanjeliu by neuverili, ani

Peklo

keby o ňom počuli. Po smrti budú poslaní do dolného podsvetia, kde budú potrestaní a nakoniec po rozsudku veľkého bieleho trónu pôjdu do pekla.

Rozsudok svedomia

Je nemožné, aby človek správne súdil svedomie niekoho iného, pretože obyčajný človek nemôže čítať srdcia iných ľudí. Ale všemohúci Boh pozná srdce každého človeka a vykonáva spravodlivé rozsudky. Rim. 2:14-15 vysvetľuje rozsudok svedomia. Dobrí ľudia vedia, čo je dobré alebo zlé, pretože ich svedomie im umožní spoznať požiadavky zákona.

A keď pohania, ktorí nemajú zákon, od prírody robia, čo zákon požaduje, hoci taký zákon nemajú, sami sebe sú zákonom. Tým ukazujú, že majú požiadavky zákona vpísané vo svojich srdciach, čo im dosvedčuje zároveň aj ich svedomie aj ich myšlienky, ktoré sa navzájom obviňujú alebo i bránia;

Preto dobrí ľudia vo svojich životoch nekráčajú po ceste zla, ale idú cestou dobra. A preto podľa rozsudku svedomia tri dni zostávajú v hornom podsvetí, kde si vypočujú evanjelium a sú spasení.

Ako príklad môžeme spomenúť admirála Soonshina Leeho*, ktorý viedol život v dobrote na základe jeho dobrého svedomia

Spása ľudí, ktorí evanjelium nikdy nepočuli

(*Poznámka editora: Admirál Lee bol vrchný veliteľ námorníctva pre Chosun dynastiu v Kórei v priebehu šestnásteho storočia). Admirál Lee žil podľa pravdy, aj keď Ježiša Krista nepoznal. Vždy bol verný kráľovi, vlasti a ľudu, ktorých ochraňoval. Bol dobrý a čestný k rodičom a miloval svojich bratov. Nikdy neuprednostňoval vlastné záujmy pred záujmami ostatných a nikdy nehľadal česť, moc alebo bohatstvo. Iba slúžil a obetoval sa pre jeho blízkych a ľudí. Nenašli by ste v ňom ani trochu zla. Keď bol admirál Lee nespravodlivo obvinený a vyhostený z krajiny, nesťažoval sa ani nemal voči nepriateľovi pomstychtivé úmysly. Voči kráľovi nereptal, aj keď mu kráľ, ktorý ho poslal do vyhnanstva, nariadil bojovať na bojovom poli. Namiesto toho z celého srdca ďakoval kráľovi, znovu zostavil bojové jednotky a bojoval s nastavením vlastného života. Našiel si čas pokľaknúť a modliť sa k svojmu bohu, pretože veril, že existuje jeden boh. Z akých dôvodov by ho Boh nemal viesť do neba?

Tí, ktorí sú vylúčení z rozsudku svedomia

Môže sa na ľudí ktorí počuli evanjelium, ale neverili v Boha, vzťahovať rozsudok svedomia?

Na vašich rodinných príslušníkov sa rozsudok svedomia nebude vzťahovať v prípade, že neprijali evanjelium, keď ho od vás počuli. Je len spravodlivé, že nebudú spasení v prípade, že odmietli evanjelium, hoci mali veľa príležitostí ho počuť.

Ale mali by ste usilovne hlásať dobré zvesti, pretože aj keby ľudia boli takí zlí, aby išli do pekla, skrze vás a vašu prácu by mali viac príležitostí získať spasenie.

Peklo

Každé Božie dieťa je evanjeliu dlžníkom a má povinnosť šíriť ho. Boh sa vás v súdny deň opýta, prečo ste nikdy neohlasovali evanjelium svojej rodine, vrátane rodičov, súrodencov, príbuzných, a tak ďalej. „Prečo si neevanjelizoval rodičov a bratov?" „Prečo si neevanjelizoval svoje deti?" „Prečo si neevanjelizoval svojich priateľov?" A tak ďalej.

Preto, ak skutočne chápete lásku Boha, ktorý obetoval aj svojho jediného Syna, a ak naozaj poznáte lásku Pána, ktorý za nás zomrel na kríži, mali by ste deň čo deň šíriť dobré zvesti ľuďom.

Spasiť duše je jediný spôsob, ako uhasiť smäd Pána, ktorý na kríži vykríkol: „Žíznim" a splatiť tak cenu Pánovej krvi.

Nenarodené deti v dôsledku interupcie alebo samovoľného potratu

Aký je osud nenarodených detí, ktoré zomrú v dôsledku samovoľného potratu prv, než sa narodili? Po fyzickej smrti je duch človeka predurčený ísť buď do neba, alebo do pekla, pretože duch človeka nemôže byť zničený, aj keď je taký malý.

Duch je dávaný päť mesiacov po počatí

Kedy dostáva ľudský plod ducha? Ľudský plod až do šiesteho mesiaca tehotenstva nemá ducha.

Podľa lekárskej vedy už má ľudský plod po piatich mesiacoch od počatia sluchové orgány, oči a očné viečka. Mozgové laloky, ktoré aktivujú funkciu mozgu, tiež vznikajú päť až šesť mesiacov po počatí. Keď má plod šesť mesiacov, dostáva ducha a má už podobu ľudskej bytosti. Ak sa interupcia uskutoční predtým, ako plod dostane ducha, nejde ani do pekla, ani do neba, pretože plod bez ducha je ako zviera.

Kaz. 3:21 hovorí: *"Kto vie, či sa dych života Adamových synov vznáša k výsostiam a dych života zvierat zostupuje zasa dolu k zemi?"* "Dych človeka" tu označuje spojenie ducha človeka, ktorý človek dostal od Boha a vedie človeka k hľadaniu Boha, s jeho dušou, ktorá spôsobuje, že myslí a počúva Božie Slovo, zatiaľ čo "dych zvierat" len odkazuje na dušu ako systém, vďaka ktorému myslia a konajú.

Keď zviera umrie, zanikne, pretože má dušu, ale nie ducha. Plod mladší ako päť mesiacov nemá ducha. Preto, ak plod zomrie, zanikne ako zviera.

Interupcia je taký ťažký hriech ako vražda

Nie je teda hriechom, ak predčasne ukončíte život ľudského plodu mladšieho ako päť mesiacov, pretože ešte nemá ducha? Nemali by ste spáchať hriech ukončenia života plodu bez ohľadu na dobu, kedy plod dostáva ducha, pamätajúc, že iba sám Boh riadi ľudský život.

V Ž. 139:15-16 žalmista napísal: *"Moje údy neboli utajené pred tebou, keď som vznikal v skrytosti, utkávaný v hlbinách zeme. Tvoje oči ma videli, keď som ešte nebol stvárnený, a v tvojej knihe boli zapísané všetky moje dni, len pomyselné, lebo som ešte ani jeden neprežil."*

Peklo

Boh lásky poznal každého z vás skôr, ako ste vznikli v matkinom lone a mal pre vás úžasné nápady a plány na zápis do Jeho knihy. To je dôvod, prečo človek, obyčajné Božie stvorenie, nemôže riadiť život plodu, aj keď je mladší ako päť mesiacov.

Interupcia je rovnaký skutok ako spáchanie vraždy, pretože prestupujete moc Boha, ktorý riadi život, smrť, požehnanie a preklínanie. Navyše, ako sa môžete odvážiť trvať na tom, že je to bezvýznamný hriech, keď zabíjate vlastného syna alebo dcéru?

Tresty za hriech a po nich nasledujúce skúšky

Za žiadnych okolností a bez ohľadu na to, aké je to ťažké, by ste nikdy nemali porušiť Božiu zvrchovanosť nad ľudským životom. Navyše, nie je správne zabiť vaše dieťa v snahe o vlastné potešenie. Musíte si uvedomiť, že budete žať to, čo ste zasiali a zaplatíte za to, čo ste urobili.

Je oveľa vážnejšie, ak zabijete plod po šiestich mesiacoch tehotenstva. Je to rovnaké ako vražda dospelého človeka, pretože už mu bol daný duch.

Interupcia vytvára veľký múr hriechu medzi vami a Bohom. A v dôsledku toho trpíte bolesťami vyplývajúcimi z rôznych skúšok a problémov. Ak nechcete vyriešiť problém hriechu, postupne sa v dôsledku múru hriechu Bohu odcudzíte a nakoniec možno zájdete príliš ďaleko, aby ste sa mohli vrátiť.

Dokonca aj tí, ktorí neveria v Boha, budú potrestaní a čakajú ich všetky druhy skúšok a ťažkosti, ak sa dopustia interupcie, pretože je to vražda. Ak nezbúrajú múr hriechu, neustále ich budú sprevádzať skúšky a ťažkosti, pretože Boh ich nemôže ochrániť a odvráti od nich svoju tvár.

Konať dôkladné pokánie zo svojich hriechov a zbúrať múr hriechu

Boh dal Jeho prikázania nie na odsúdenie človeka, ale na odhalenie Jeho vôle, a aby ľudí viedol k pokániu a spasil ich.

Boh vám umožňuje pochopiť veci týkajúce sa interupcií, aby ste nespáchali hriech a mohli zničiť múr hriechu konaním pokánia z hriechov, ktoré ste spáchali v minulosti.

Ak ste v minulosti zabili vaše dieťa, uistite sa, že ste sa dôkladne kajali a zničili múr hriechu zmiernou obetou. Potom vaše skúšky a ťažkosti zmiznú, pretože Boh už na vaše hriechy zabudol.

Závažnosť hriechu je v rôznych prípadoch interupcie iná. Napríklad, ak ste podstúpili interupciu, pretože ste otehotneli v dôsledku znásilnenia, váš hriech je pomerne ľahký. Ak manželský pár zabije ich nechcené dieťa, ich hriech je oveľa závažnejší.

Ak z rôznych dôvodov dieťa nechcete, mali by ste dieťa vo vašom lone v modlitbe odovzdať Bohu. V takom prípade priveadiete na svet dieťa iba vtedy, ak Boh nepracuje v súlade s vašou modlitbou.

Väčšina interupciou zabitých deti je spasených, ale sú aj výnimky

Aj keď už ľudský plod má šesť mesiacov po počatí ducha, nedokáže rozumne myslieť, chápať alebo v niečo vlastnou vôľou veriť. A preto Boh spasí väčšinu ľudských plodov, ktoré umierajú v tomto období bez ohľadu na ich vieru alebo vieru ich rodičov.

Všimnite si, že som povedal „väčšinu" – nie „všetky" – plody, pretože v zriedkavých prípadoch plod nemôže byť spasený.

Plod môže zdediť zlý charakter v okamihu počatia, ak jeho rodičia alebo predkovia veľmi zhrešili proti Bohu a nahromadili veľa zla. V tom prípade plod nemôže byť spasený.

Napríklad, dieťa kúzelníka alebo dieťa zlých rodičov, ktorí ostatných ľudí preklínali a želali im iba zlo, ako je Hee-bin Jang* v kórejskej histórii (*Poznámka editora: Hee-bin Jang bola konkubína Kinga Sook-jonga na konci sedemnásteho storočia, ktorá zo žiarlivosti prekliala kráľovnú). Prekliata svoju sokyňu tým, že v extrémnej žiarlivosti prepichla jej portrét šípmi. Deti takýchto zlých rodičov nemôžu byť spasené, pretože zdedia zlý charakter rodičov.

Aj medzi tými, ktorí tvrdia, že veria, sú zlí ľudia. Takí ľudia protirečia, mylne posudzujú, odsudzujú a bránia dielam Ducha Svätého. V žiarlivosti sa tiež pokúšajú zabiť toho, kto oslavuje Božie meno. Ak sú interupciou zabité deti týchto rodičov, nemôžu byť spasené.

S výnimkou týchto zriedkavých prípadov je väčšina nenarodených detí spasených. Ale nemôžu ísť do neba, dokonca ani do raja, pretože neboli kultivované na tejto zemi. Žijú v hornom podsvetí aj po rozsudku veľkého bieleho trónu.

Večné miesto pre spasené nenarodené deti

Ľudské plody, ktoré boli zabité po šiestich mesiacov tehotenstva, sú v hornom podsvetí ako prázdny list papiera, pretože neboli kultivované na tejto zemi. Preto zostávajú v hornom podsvetí a v čase vzkriesenia dostanú telo vhodné pre ich duše.

Dostanú telo, ktoré sa zmení a narastie, na rozdiel od ostatných spasených ľudí, ktorí budú mať večné duchovné telo. Preto, aj keď sú na začiatku v stave detí a majú detskú postavu, budú rásť, až kým nedosiahnu správne štádium.

Aj keď tieto deti vyrastú, zostanú v hornom podsvetí napĺňať svoje duše poznaním pravdy. Môžete to ľahšie pochopiť, keď si spomeniete na počiatočný stav Adama v raji Edenu a jeho proces učenia.

Keď bol Adam stvorený ako živá bytosť, mal ducha, dušu a telo. Ale jeho telo bolo odlišné od duchovného, vzkrieseného tela a jeho duša bola neznalá ako duša novonarodeného dieťaťa. Preto sám Boh dal Adamovi duchovné poznanie, keď s ním pomerne dlhú dobu chodil.

Mali by ste vedieť, že Adam v raji Edenu bol stvorený bez akéhokoľvek zla v ňom. Ale duše v hornom podsvetí nie sú také dobré, ako bol Adam, pretože už zdedili hriešnu prirodzenosť po svojich rodičoch, ktorí už celé generácie zažili ľudskú kultiváciu.

Od pádu Adama potom všetci jeho potomkovia dedia po rodičoch dedičný hriech.

Deti od narodenia do piatich rokov

Ako môžu byť spasené deti vo veku do piatich rokov, keď nedokážu rozlíšiť dobré od zlého? Spasenie detí v tomto veku závisí

Peklo

na viere rodičov – najmä na viere ich matky.

Dieťa môže získať spásu, ak rodičia dieťaťa majú druh viery dostatočnej na spasenie a vychovanie dieťaťa vo viere (1 Kor. 7:14). Ale nie je pravda, že dieťa nemôže byť spasené len preto, lebo jeho rodičia nemali vieru.

Tu môžete znova vidieť Božiu lásku. Gn. 25 nám potvrdzuje, že Boh vopred vedel, že Jakub bude v budúcnosti väčší ako jeho starší brat Ezau, keď spolu bojovali v materskom lone. Vševedúci Boh vedie všetky deti, ktoré zomrú pred dosiahnutím piatich rokov veku života, ku spáse podľa rozsudku svedomia. To je možné preto, lebo Boh vie, či by dieťa, ak by žilo dlhšie, po vypočutí evanjelia neskôr v živote prijalo Pána.

Ale deti, ktorých rodičia nemajú vieru, a ktoré neprejdú ani rozsudkom svedomia, idú bezpodmienečne do dolného podsvetia, ktoré patrí k peklu a tam sú mučené.

Rozsudok svedomia a viera ich rodičov

Spása detí do značnej miery závisí od viery rodičov. A preto rodičia majú vychovávať deti podľa Božej vôle, aby deti neskončili v pekle.

Kedysi dávno bol jeden pár, ktorý nemal žiadne dieťa, až nakoniec sa im vďaka sľubu v modlitbe narodilo dieťa. Ale dieťa bolo predčasne zabité v dopravnej nehode.

Vďaka modlitbe som odhalil príčinu smrti ich dieťaťa. Bolo to preto, lebo viera rodičov dieťaťa ochladla a oni boli ďaleko od Boha. Dieťa nemohlo navštevovať cirkevnú škôlku, pretože rodičia žili svetským spôsobom života. V dôsledku toho dieťa začalo namiesto piesní chváliacich Boha spievať svetské piesne. V tej dobe dieťa malo vieru získať spasenie, ale nemohlo byť spasené, ak by rástlo pod vplyvom jeho rodičov. V tejto situácii Boh vďaka dopravnej nehode povolal dieťa k večnému životu a jeho rodičom dal príležitosť k pokániu. Ak by boli rodičia schopní konať pokánie a vrátiť sa k Bohu bez smrti ich dieťaťa, Boh by nebol musel prijať toto opatrenie.

Zodpovednosť rodičov za duchovný rast detí

Viera rodičov má priamy vplyv na spásu ich detí. Detská viera nemôže správne rásť, ak rodičia nemajú záujem o duchovný rast detí a ponechajú to len na nedeľnú školu.

Rodičia sa musia modliť za svoje deti, zisťovať, či vždy uctievajú v duchu a s pravým srdcom a naučiť ich viesť život modlitby tým, že im budú dobrým príkladom.

Chcel by som vyzvať všetkých rodičov, aby vo vlastnej viere bdeli a ich milované deti vychovávali v Pánovi. Žehnám vás, aby sa vaše rodiny mohli spoločne tešiť z večného života v nebi.

Deti od šiestich do dvanástich rokov

Ako môžu byť deti vo veku od šiestich do asi dvanástich rokov spasené?

Tieto deti sú schopné evanjelium chápať a vlastnou vôľou a myslením sa tiež môžu do určitej miery rozhodnúť, čomu budú veriť.

Peklo

Vek detí, ktorý je tu určený, samozrejme, môže byť trochu iný v prípade každého dieťaťa, pretože každé dieťa rastie, vyvíja sa a dozrieva rôznou rýchlosťou. Dôležitým faktorom je, že obvykle deti v tomto veku už vlastnou vôľou a myslením môžu veriť v Boha.

Vlastná viera bez ohľadu na vieru rodičov

Deti vo veku od šesť do dvanásť rokov už majú rozum vybrať si vieru. Preto môžu byť spasené na základe vlastnej viery, bez ohľadu na vieru ich rodičov.

Vaše deti môžu ísť len do pekla, ak ich nebudete vychovávať vo viere, aj keď vy sami máte silnú vieru. Sú deti, ktorých rodičia sú neveriaci. V takýchto prípadoch je pre deti ťažšie získať spásu.

Spasenie detí som rozdelil na spasenie pred dosiahnutím pubertálneho veku a po pubertálnom veku, pretože vďaka bohatej a pretekajúcej Božej láske môže byť na prvú skupinu aplikovaný rozsudok svedomia.

Boh môže dať ešte jednu príležitosť, aby tieto deti získali spásu, pretože deti v tomto veku nedokážu úplne rozhodovať vlastnou vôľou a myslením, pretože ešte stále sú pod vplyvom rodičov.

Dobré deti prijímajú Pána, keď počujú evanjelium a dostávajú dar Ducha Svätého. Zo začiatku chodia do kostola, ale neskôr prestanú kvôli silnému prenasledovaniu rodičmi, ktorí uctievajú modly. Ale už vo svojich mladistvých rokoch si bez ohľadu na zámer rodičov vlastnou vôľou vedia vybrať, čo je správne a čo nie. Ak skutočne v Boha veria, dokážu si udržať vieru aj napriek tomu, aké závažné môžu byť námietky a prenasledovanie rodičov.

Predpokladajme, že dieťa, ktoré by mohlo mať silnú vieru, ak by žilo dlhšie, zomrie v mladom veku. Čo s ním teda bude? Boh ho povedie k spáse podľa zákona rozsudku svedomia, pretože pozná srdce dieťaťa.

Avšak, ak dieťa neprijme Pána a neprejde rozsudkom svedomia, nebude mať žiadnu ďalšiu príležitosť a bezpodmienečne skončí v pekle. Okrem toho spása ľudí vo veku po puberte výhradne závisí od ich vlastnej viery.

Deti narodené v zlom prostredí

Spása obyčajného dieťaťa, ktoré nedokáže robiť žiadne logické úsudky, do značnej miery závisí na duchu (povahe, energii alebo sile) rodičov a predkov.

Kvôli bezbožnosti a modloslužobníctvu predkov sa dieťa môže narodiť s nejakou duševnou poruchou alebo byť posadnuté démonmi vo veľmi ranom veku života. To je preto, lebo potomkovia sú pod vplyvom rodičov a predkov.

Dt. 5:9-10 nás takto varuje:

„Nebudeš sa im klaňať ani ich uctievať, lebo ja, Pán, tvoj Boh, som žiarlivý Boh, ktorý tresce neprávosť otcov na synoch až do tretieho a štvrtého pokolenia u tých, čo ma nenávidia, ale zmilúvam sa až nad tisícimi u tých, čo ma milujú a zachovávajú moje príkazy."

1 Kor. 7:14 tiež uvádza: *„Lebo neveriaci muž sa posväcuje v*

žene a neveriaca žena sa posväcuje v bratovi. Inak by boli vaše deti nečisté; ale teraz sú sväté."

A preto je pre deti veľmi ťažké získať spasenie, ak ich rodičia nežijú vo viere.

Pretože Boh je láska, neodvracia sa od tých, ktorí volajú Jeho meno, aj keď sa možno narodili so zlou povahou, ktorú zdedili po rodičoch a predkoch. Môžu byť spasení, pretože Boh odpovedá na ich modlitby, keď konajú pokánie, neustále sa snažia žiť podľa Jeho Slova a vytrvalo volajú Jeho meno.

Hebr. 11:6 hovorí: *"Bez viery je totiž nemožné páčiť sa Bohu. Lebo kto prichádza k Bohu, musí veriť, že je a že odmieňa tých, čo ho hľadajú."* Aj keď sa ľudia rodia so zlou povahou, ale potešujú Boha dobrými skutkami a obetami vo viere, Boh ich zlú povahu mení na dobrú a vedie ich do neba.

Tí, ktorí nie sú schopní sami hľadať Boha

Niektorí ľudia nie sú schopní vierou hľadať Boha, pretože trpia duševnou poruchou alebo sú posadnutí démonmi. Čo by teda mali robiť?

V takom prípade musia rodičia alebo iní rodinní príslušníci pred Bohom preukázať dostatočne veľkú vieru v mene týchto ľudí. Keď Boh lásky uvidí ich vieru a úprimnosť, otvorí im dvere spásy.

Rodičia sú zodpovední za osud dieťaťa v prípade, že dieťa zomrie skôr, ako by malo možnosť získať spásu. Preto vás žiadam, aby ste pochopili, že život vo viere je veľmi dôležitý nielen pre samotných rodičov, ale aj pre ich potomkov.

Mali by ste tiež pochopiť Božie srdce, pre ktorého je jedna duša vzácnejšia ako celý svet. Povzbudzujem vás, aby ste mali bohatú lásku vo viere sa starať nielen o vaše deti, ale aj o deti vašich susedov a príbuzných.

Boli Adam a Eva spasení?

Adam a Eva boli vyhnaní na túto zem po tom, čo z neposlušnosti jedli zo stromu poznania dobra a zla. Evanjelium nikdy nepočuli. Boli spasení? Dovoľte mi vysvetliť, či prví ľudia, Adam a Eva, získali spásu.

Adam a Eva neuposlúchli Boha

Na počiatku Boh stvoril prvého človeka Adama a Evu na svoj obraz a veľmi ich miloval. Boh vopred všetko pripravil, aby mali bohatý život a doviedol ich do rajskej záhrady. Adamovi a Eve tam nič nechýbalo.

Okrem toho, Boh dal Adamovi veľkú silu a moc ovládať všetky veci vo vesmíre. Adam riadil všetko živé na zemi, na oblohe a vo vode. Nepriateľ Satan a diabol sa do záhrady neodvážil vstúpiť, pretože ju strážil a ochraňoval Adam.

Boh, chodiac s nimi, im láskavo dal duchovné vzdelanie – tak, ako otec učí svoje milované deti, všetko od A po Z. Adamovi a Eve nič nechýbalo, ale boli pokúšaní prefíkaným hadom a jedli zakázané ovocie.

Ochutnali smrť podľa Božieho Slova, že určite zomrú (Gn. 2:17). Inými slovami, ich duch zomrel, aj keď boli živými duchmi.

Peklo

Ako výsledok boli vyhnaní z krásneho raja Edenu na zem. Kultivácia ľudstva začala na tejto prekliatej zemi a aj všetky veci na nej boli prekliate.

Boli Adam a Eva spasení? Niektorí ľudia si môžu myslieť, že nemohli získať spasenie, pretože kvôli ich neposlušnosti boli všetky veci prekliate a ich potomkovia trpia. Ale aj napriek tomu, Boh lásky aj im otvoril dvere spásy.

Dôkladné pokánie Adama a Evy

Boh vám odpustí, ak konáte pokanie z celého srdca a vrátite sa k Nemu, aj keď ste poškvrnení dedičným hriechom a hriechmi, ktoré ste spáchali počas života na tomto svete plnom temnoty a zla. Boh vám odpustí, ak budete z hĺbky srdca konať pokánie a vrátite sa k Nemu, aj keby ste boli vrahom.

Mali by ste vedieť, že v porovnaní s dnešnými ľuďmi mali Adam a Eva skutočne čisté a dobré srdce. Navyše, sám Boh ich nežnou láskou dlho učil. Ako by teda mohol Boh poslať Adama a Evu do pekla bez odpustenia, ak z hĺbky srdca konali pokánie?

Adam a Eva veľmi trpeli počas kultivácie na tejto zemi. V raji Edenu žili v pokoji a vždy mohli jesť rôzne druhy ovocia, kedykoľvek sa im žiadalo; na zemi nemohli jesť bez driny a potu. Eva rodila s väčšou bolesťou. Ronili slzy a trpeli v smútku v dôsledku ich hriechov. Adam a Eva boli tiež svedkami vraždy jedného ich syna druhým.

Ako veľmi im musel chýbať život pod Božou ochranou a láskou v raji Edenu, keď na tomto svete zažívali takú bolesť? Keď žili v raji, neuvedomovali si svoje šťastie a ani neďakovali Bohu, pretože život, hojnosť a Božiu lásku brali ako samozrejmosť. Ale teraz mohli pochopiť, akí šťastní boli v tej dobe a začali Bohu ďakovať za pretekajúcu lásku, ktorou ich obdaril. Nakoniec zo svojich hriechov z minulosti konali dôkladné pokánie.

Boh im otvoril dvere spásy

Mzdou za hriech je smrť, ale Boh, ktorý vládne láskou a spravodlivosťou, odpúšťa hriechy, ak sa ľudia dôkladne kajajú.

Boh lásky dovolil, aby Adam a Eva vstúpili do neba potom, ako prijal ich pokánie. Ale boli horko-ťažko spasení a dostali sa do raja, pretože Boh je spravodlivý. Ich hriech – odvrátenie sa od veľkej lásky Boha – nebol ľahkým hriechom. Adam a Eva sa kvôli neposlušnosti stali zodpovednými za nutnosť ľudskej kultivácie, rovnako ako aj za utrpenie, bolesť a smrť ich potomkov.

Aj keby Božia prozreteľnosť dovolila Adamovi a Eve jesť zo stromu poznania dobra a zla, tento samotný akt neposlušnosti priviedol nespočetné množstvo ľudí k utrpeniu a smrti. Preto Adam a Eva nevstúpili na lepšie miesto v nebi ako do raja a samozrejme, že nemajú nárok na žiadnu slávnu odmenu.

Boh pracuje s láskou a spravodlivosťou

Premýšľajme o Božej láske a spravodlivosti prostredníctvom apoštola Pavla.

Predtým, ako apoštol Pavol spoznal Ježiša, bol hlavným vodcom prenasledovania veriacich v Ježiša a uväzňoval ich. Keď bol Štefan mučený, pretože svedčil o Pánovi, Pavol sa pozeral na to, ako bol

Peklo

Štefan na smrť kameňovaný a považoval to za správne.
Ale na ceste do Damasku sa Pavol stretol s Pánom a prijal Ho. Vtedy mu Pán povedal, že sa stane apoštolom pre pohanov a bude veľmi trpieť. Od tej doby apoštol Pavol konal dôkladné pokánie a pre Pána obetoval vlastný život.

Mohol vstúpiť do Nového Jeruzalema, pretože svoje poslanie splnil s radosťou napriek mnohému utrpeniu a bol dostatočne verný, aby pre Pána obetoval aj vlastný život.

Zákon prírody na tomto svete je, že budete žať to, čo ste zasiali. Je to rovnaké v duchovnom svete. Budete žať dobrotu, ak ste zasiali dobrotu a budete žať zlo, ak ste zasiali zlo.

Ako môžete vidieť skrze Pavla, musíte správne viesť svoje srdce, bdieť a mať na pamäti, že za vaše zlé skutky z minulosti budete čeliť skúškam, aj keď sú vám hriechy odpustené na základe dôkladného pokánia.

Čo sa stalo s prvým vrahom Kainom?

Čo sa stalo s prvým vrahom Kainom, ktorý zomrel bez toho, aby počul evanjelium? Pozrime sa, či bol spasený rozsudkom svedomia.

Bratia Kain a Ábel priniesli Bohu obety

Potom, čo boli Adam a Eva vyhnaní z raja Edenu, splodili na tejto zemi deti: Kain bol ich prvý syn a Ábel bol Kainovov mladší brat. Keď vyrástli, priniesli Bohu obety. Kain priniesol obetu z poľných plodín, ale Ábel priniesol obetu z najtučnejších prvotín jeho stáda.

Boh zhliadol na Ábela a jeho obetu, ale nie na Kaina a jeho obetu. Prečo Boh zhliadol na Ábela a jeho obetu?

Nesmiete Bohu prinášať obety proti Jeho vôli. Podľa zákona duchovného sveta, mali by ste uctievať Boha s krvou obety, ktorá môže odpustiť hriechy. Preto v starozákonnej dobe ľudia obetovali voly alebo jahňatá na uctievanie Boha a v novozákonnej dobe sa Ježiš, Baránok Boží, stal zmiernou obetou tým, že vylial svoju krv.

Ak Boha uctievate obetovaním krvi, to znamená, ak Ho uctievate v duchu, prijíma vás s radosťou, odpovedá na vaše modlitby a žehná vás. Duchovná obeta znamená uctievanie Boha v duchu a v pravde. Boh neprijíma s radosťou vaše uctievanie, ak si počas bohoslužieb zdriemnete alebo počúvate posolstvá s rozlietanými myšlienkami.

Boh zhliadol iba na Ábela a jeho obetu

Adam a Eva duchovný zákon poznali veľmi dobre, teda aj zákon o prinášaní obety, pretože ich tento zákon Boh dlho učil v raji Edenu, keď s nimi chodil. Určite naučili svoje deti, ako správne prinášať Bohu obety.

Na jednej strane, Ábel uctil Boha obetovaním krvi uposlúchnutím učenia jeho rodičov. Na druhej strane, Kain nepriniesol Bohu obetujúcu oebtu, ale len nejaké poľné plodiny podľa vlastného uváženia.

Hebr. 11:4 o tom hovorí: *„Vierou priniesol Ábel Bohu lepšiu obetu ako Kain a ňou si získal svedectvo, že je spravodlivý,*

Peklo

lebo Boh vydal svedectvo o jeho daroch; a ňou ešte aj ako mŕtvy hovorí."

Boh prijal obetu Ábela, pretože s vierou duchovne uctil Boha v poslušnosti k Jeho vôli. Boh však neprijal obetu Kaina, pretože Ho neuctil v duchu, ale podľa vlastných zásad a metód.

Kain zabil Ábela zo závisti

Vidiac, že Boh prijal iba bratovu obetu, Kain bol veľmi nahnevaný, a jeho tvár bola skľúčená. Nakoniec napadol Ábela a zabil ho.

V rámci jedinej generácie od začiatku ľudskej kultivácie na tejto zemi, neposlušnosť zrodila závisť, závisť zrodila nenávisť a chamtivosť, a chamtivosť a nenávisť prerástli do vraždy. Aké je to ukrutné!

Môžete vidieť, ako rýchlo si ľudia špinia srdcia hriechom, keď ho raz vpustia do sŕdc. To je dôvod, prečo by ste nemali dovoliť ani ľahkým hriechom vstúpiť do vašich sŕdc, ale ihneď sa ich zbaviť.

Čo sa stalo s prvým vrahom Kainom? Niektorí ľudia tvrdia, že Kain nemohol byť spasený, pretože zabil svojho spravodlivého brata Ábela.

Vďaka rodičom Kain vedel, kto je Boh. V porovnaní s dnešnými ľuďmi, ľudia v Kainovej dobe zdedili po rodičoch pomerne ľahký prvotný hriech. Aj keď Kain zabil svojho brata v momente závisti, mal čisté svedomie.

Preto, aj keď spáchal vraždu, Kain mohol oľutovať skrze Boží trest a Boh sa nad ním zmiloval.

Kain bol spasený vďaka dôkladnému pokániu

V Gn. 4:13-15, keď bol Kain prekliaty a stal sa tulákom na tejto zemi, žiada Boha, o zmiernenie jeho trestu a prosí o Jeho milosrdenstvo. Boh odpovedal: *„Lebo každý, kto zabije Kaina, sedemnásobnú pomstu si odnesie!"* Potom Pán urobil Kainovi znak, aby ho nik, kto ho nájde, nezabil.

Tu si musíte uvedomiť, ako dôkladne sa Kain kajal po vražde svojho brata. Až potom mohol nájsť spôsob, ako komunikovať s Bohom a Boh mu urobil znak ako prejav Jeho odpustenia. Ak by Kain bol strateným prípadom a predurčený skončiť v pekle, prečo by Boh vôbec vyslyšal Kainovu prosbu, nieto ho ešte označil?

Kain sa musel stať nepokojným tulákom na zemi ako trest za zavraždenie brata, ale nakoniec získal spasenie skrze pokánie z jeho hriechu. Ale tak, ako to bolo v prípade Adama, Kain získal hanebné spasenie a mohol žiť na vonkajšom okraji – dokonca ani nie v strede – raja.

Boh spravodlivosti nemohol dovoliť, aby Kain vstúpil na lepšie miesto v nebi ako raj, aj napriek jeho pokániu. Aj keď Kain žil v oveľa čistejšej a menej hriešnej dobe, bol dosť zlý na to, aby zabil vlastného brata.

Kain by mohol vstúpiť na lepšie miesto v nebi, ak by bol kultivoval jeho zlé srdce na dobré a z celého srdca a zo všetkých síl sa snažil zapáčiť sa Bohu. Ale Kainovo svedomie nebolo také dobré a čisté.

Peklo

Prečo Boh netrestá zlých ľudí okamžite?

Keď vediete život vo viere, môžete mať veľa otázok. Niektorí ľudia sú veľmi zlí, ale Boh ich netrestá. Iní kvôli ich zlobe trpia chorobou alebo zomrú. A ďalší umierajú v mladom veku, aj keď sa zdajú byť Bohu veľmi verní.

Napríklad, kráľ Saul bol v srdci dosť zlý na to, aby sa pokúsil zabiť Dávida, aj keď vedel, že Dávida pomazal Boh. Napriek tomu, Boh kráľa Saula nepotrestal. A tak Saul prenasledoval Dávida ešte viac.

To bol príklad prozreteľnosti Božej lásky. Boh chcel vychovať Dávida, aby z neho urobil veľkú nádobu a nakoniec, skrze zlého Saula, z neho urobiť kráľa. To je dôvod, prečo kráľ Saul zomrel, keď bolo ukončená Božia výchova Davida.

Boh trestá ľudí okamžite alebo ich nechá žiť bez trestu. Všetko sa deje na základe prozreteľnosti a lásky Boha.

Mali by ste túžiť po lepšom mieste v nebi

V Jn. 11:25-26 Ježiš povedal: *"Ja som vzkriesenie a život. Kto verí vo mňa, bude žiť, aj keď umrie. A nik, kto žije a verí vo mňa, neumrie naveky. Veríš tomu?"*

Tí, ktorí získali spasenie skrze prijatie evanjelia, určite budú vzkriesení, dostanú duchovné telo a budú sa tešiť z večnej slávy v nebi. Tí, ktorí sú ešte stále nažive na tejto zemi, budú v oblaku uchvátení v ústrety Pánovi do vzduchu, keď On zostúpi z neba. Čím viac sa podobáte Božiemu obrazu, tým lepšie miesto v nebi získate.

Ježiš nám o tom hovorí v Mt. 11:12: *„Od dní Jána Krstiteľa podnes trpí nebeské kráľovstvo násilie a násilníci sa ho zmocňujú."* Ježiš nám dal ďalší sľub v Mt. 16:27: *„Lebo Syn človeka príde v sláve svojho Otca so svojimi anjelmi a vtedy odplatí každému podľa jeho skutkov."* 1 Kor. 15:41 tiež uvádza: *„Iný je jas slnka, iný jas mesiaca a iný jas hviezd; veď hviezda sa od hviezdy líši jasom."*

Nemôžete si pomôcť prestať túžiť po lepšom mieste v nebi. Mali by ste sa snažiť, aby ste sa stali svätejšími a vernejšími v celom Božom dome, aby ste mohli vstúpiť do Nového Jeruzalema, kde sa nachádza Boží trón. Ako poľnohospodár pri zbere úrody, tak aj Boh chce viesť čo najviac ľudí k lepšiemu nebeskému kráľovstvu skrze kultiváciu človeka na tejto zemi.

Na vstúpenie do neba musíte dobre poznať duchovný svet

Ľudia, ktorí Boha a Ježiša Krista nepoznali, nemohli vstúpiť do Nového Jeruzalema, aj keď boli spasení prostredníctvom rozsudku svedomia.

Sú ľudia, ktorí jasne nechápu prozreteľnosť kultivácie človeka, srdce Boha a duchovný svet, aj keď počuli evanjelium. Preto nevedia, že silní ľudia sa chopia nebeského kráľovstva a ani nemajú žiadnu nádej na Nový Jeruzalem.

Boh nám hovorí: *„Buď verný až do smrti a dám ti veniec života"* (Zjv. 2:10). Boh vás hojne odmení v nebi podľa toho, čo ste zasiali. Odmena je veľmi vzácna, pretože trvá a je slávna naveky.

Peklo

Keď budete mať toto na mysli, môžete sa pripraviť ako krásna nevesta Pána, rovnako ako päť múdrych panien a dosiahnuť celého ducha.

1 Tes. 5:23 znie: *"Sám Boh pokoja nech vás celých posvätí, aby sa zachoval váš duch neporušený a duša i telo bez úhony, keď príde náš Pán Ježiš Kristus."*

Preto sa musíte starostlivo pripraviť ako nevesta Pána, aby ste dosiahli celého ducha pred návratom Pána Ježiša Krista, alebo ak si Boh povolá vašu dušu, podľa toho, čo sa stane skôr.

Nestačí prísť do kostola každú nedeľu a vyznať: „Verím." Musíte sa zbaviť všetkého druhu zla a byť verní v celom Božom dome. Čím viac Boha potešujete, tým na lepšie miesto v nebi budete môcť vstúpiť.

Povzbudzujem vás, aby ste sa na základe tohto poznatku stali pravými Božími deťmi. V mene Pánovom sa modlím, aby ste nielen chodili s Bohom tu po tejto zemi, ale aj naveky žili bližšie pri Božom tróne v nebi.

Kapitola 3

Dolné podsvetie a totožnosť poslov pekla

Ľudia sú do dolného podsvetia vedení poslami pekla

Čakáreň na svet zlých duchov

Rôzne tresty za rôzne hriechy v dolnom podsvetí

V dolnom podsvetí vládne Lucifer

Totožnosť poslov pekla

*„Veď Boh neušetril ani anjelov, keď zhrešili,
ale ich uvrhol spútaných do temnoty podsvetia,
aby tam boli strážení,
až pokým nepredstúpia pred súd."
- 2 Pt. 2:4 -*

*„Do ríše mŕtvych sa prepadnú bezbožníci,
všetci pohania, ktorí zabúdajú na Boha."
- Ž. 9:17 -*

Každoročne pri zbere úrody sú poľnohospodári naplnení radosťou z očakávania dobrej úrody. Ale je pre nich nemožné stále pestovať iba prvotriednu pšenicu, aj keď, deň čo deň a noc čo noc, ťažko pracujú, hnoja pôdu, vytrhávajú burinu, a tak ďalej. Medzi plodinami budú aj druhotriedne a treťotriedne plodiny, a dokonca aj plevy.

Plevy nemôžu byť ľuďom potravou. Okrem toho, plevy nie sú zhromažďované spolu s pšenicou, pretože by pšenicu zničili. To je dôvod, prečo poľnohospodári zhromažďujú plevy, spália ich alebo použijú ako hnojivo.

Je to rovnaké s Božou kultiváciou ľudí na tejto zemi. Boh hľadá pravé deti, ktoré obnovili svätý a dokonalý obraz Boha. Sú však ľudia, ktorí sa nezbavili hriechov dôkladne alebo takí, ktorí sú úplne pohltení zlom a nesplnili poslanie človeka. Aj keď Boh chce sväté a pravé deti, v nebi tiež zhromažďuje tých, ktorí zomreli skôr, než sa úplne zbavili hriechov, zatiaľ čo sa snažili žiť vo viere.

Na jednej strane, Boh neposiela ľudí do desivého pekla, ak majú vieru veľkosti horčičného zrnka závisieť na krvi Ježiša Krista, bez ohľadu na Jeho pôvodný účel kultivovať a zhromažďovať len pravé deti. Na druhej strane, tí, ktorí neveria v Ježiša Krista a bojujú proti Bohu až do konca, nemajú inú možnosť, ako ísť do pekla, pretože v dôsledku zla v nich si zvolili cestu zničenia.

Ako budú nespasené duše vedené do dolného podsvetia a ako tam budú potrestané? Podrobne vysvetlím dolné podsvetie, ktoré patrí k peklu a totožnosť poslov pekla.

Peklo

Ľudia sú do dolného podsvetia vedení poslami pekla

Keď zomrie človek, ktorý je spasený vierou, prichádzajú dvaja anjeli, aby ho viedli do horného podsvetia, ktoré patrí k nebu. V Lk. 24:4 vidíme dvoch anjelov, ako čakajú na Ježiša po jeho smrti a vzkriesení. Ale keď zomrie nespasený človek, prichádzajú dvaja poslovia pekla, aby ho viedli do dolného podsvetia. Zvyčajne je možné zistiť, či človek na smrteľnej posteli je spasený, alebo nie je, ak pozorujete výraz jeho tváre.

V okamihu smrti

Duchovné oči človeka sú v okamihu smrti otvorené. Človek zomrie v pokoji s úsmevom na tvári, ak vo svetle vidí anjelov a jeho mŕtve telo nestuhne tak skoro. Mŕtve telo nehnije alebo nezapácha ani po dvoch, či troch dňoch a človek vyzerá, ako keby bol stále nažive.

Ale ako hrozne a vystrašene sa musia cítiť nespasení ľudia, keď vidia hrozných poslov pekla? Umierajú v hroznom strachu a nedokážu zatvoriť oči.

Ak spása človeka nie je istá, anjeli a poslovia pekla proti sebe bojujú, aby dušu vzali so sebou na ich miesto. To je dôvod, prečo je človek až do smrti taký nervózny. Aký je vystrašený a úzkostlivý, keď vidí poslov pekla vznášať voči nemu obvinenia, opakujúc: „On nemá žiadnu vieru, aby bol spasený!"

Keď je na smrteľnej posteli človek slabej viery, ľudia so silnou vierou by mu mali prostredníctvom uctievania a chvál pomôcť zväčšiť vieru. On potom môže získať spásu i na smrteľnej posteli tým, že má vieru, aj keď získa len hanebné spasenie a skončí v raji.

Môžete vidieť, ako sa človek na smrteľnej posteli upokojí, pretože získa vieru, aby bol spasený, ak ľudia vedľa neho uctievajú a vzdávajú chvály Bohu. Keď je na smrteľnej posteli človek silnej viery, nemusíte mu pomáhať so získaním alebo rastom viery. Je lepšie dať mu nádej a radosť.

Čakáreň na svet zlých duchov

Na jednej strane, aj človek veľmi slabej viery môže byť spasený, ak na smrteľnej posteli skrze uctievanie a chvály získa vieru. Na druhej strane, ak nie je spasený, poslovia pekla ho vedú do čakárne, ktorá patrí do dolného podsvetia, kde sa prispôsobuje svetu zlých duchov.

Rovnako ako spasená duša podstupuje trojdňové prispôsobovanie sa v hornom podsvetí, nespasené duše tiež zostávajú tri dni v čakárni, ktorá sa podobá veľkej jame v dolnom podvetí.

Trojdňové prispôsobovanie sa v čakárni

Čakáreň v hornom podsvetí, kde tri dni zostávajú spasené duše, je plná osláv, pokoja a nádeje na slávny život, ktorý ich čaká. Čakáreň v dolnom podsvetí je však pravý opak.

Nespasené duše budú žiť v neznesiteľných bolestiach, trpiac rôznymi druhmi trestov podľa ich skutkov na tomto svete.

Peklo

Predtým, než pôjdu do dolného podsvetia, musia sa tri dni v čakárni pripravovať na život vo svete zlých duchov. Tieto tri dni v čakárni nie sú pokojné, ale len začiatok ich večného, bolestivého života.

Rôzne druhy vtákov s veľkými a špicatými zobákmi napádajú tieto duše. Tietoo vtáky sú na rozdiel od vtákov tohto sveta veľmi škaredými a nechutnými duchovnými stvoreniami.

Keďže nespasené duše už sú oddelené od tela, môžete si myslieť, že už nemôžu cítiť žiadnu bolesť. Ale tieto vtáky im môžu ublížiť, pretože vtáky v čakárni sú tiež duchovné stvorenia.

Kedykoľvek vtáky zobákmi napadnú duše, ich telá sú rozrezané, krvácajú a sú sťahované z kože. Duša sa márne snaží vyhnúť zobákom vtákov. Len bojujú a s krikom sa krčia. Niekedy im vtáky vypichnú aj oči.

Rôzne tresty za rôzne hriechy v dolnom podsvetí

Po trojdňovom pobyte v čakárni sú nespasené duše podľa ich hriechov, ktoré spáchali na tomto svete, odvedené na rôzne miesta trestov v dolnom podsvetí. Nebo je veľmi priestranné. Peklo je také priestranné, že aj v dolnom podsvetí, ktoré je len časťou pekla, existuje nespočetné množstvo oddelených miest, kde zostávajú nespasené duše.

Rôzne miesta trestov

Všeobecne možno povedať, že dolné podsvetie je temné a vlhké a duše cítia neznesiteľnú horúčavu. Nespasené duše budú neustále mučené bitím, ďobaním a trhaním. Keď je vaša noha alebo ruka oddelená od vášho tela na tomto svete, musíte žiť bez nohy alebo ruky. Vaše utrpenie a ťažkosti sa smrťou pominú. Ale ak je v dolnom podsvetí váš krk rozrezaný, zregeneruje sa. Aj keď budete mať odrezanú časť tela, vaše telo bude čoskoro opäť celé. Rovnako ako nie je možné krájať vodu ani tým najostrejším mečom alebo nožom, žiadne mučenie, ďobanie alebo trhanie častí tela na kúsky neukončí utrpenie. Vaše oči budú obnovené krátko po tom, ako vám ich vtáky vypichnú. Aj keď ste zranení a vaše črevá vytiekli, čoskoro sa obnovia. Pri mučení sa bude vaša krv donekonečna prelievať, ale nemôžete tam zomrieť, pretože krv sa čoskoro znova obnoví. Tento hrozný kolobeh vás bude opakovane mučiť.

To je dôvod, prečo je tam krvavá rieka pochádzajúca z krvi duší v dolnom podsvetí. Pamätajte si, že duch je nesmrteľný. Ak je naveky opakovane mučený, jeho bolesť tiež trvá večne. Duša prosí o smrť, ale nemôže a nesmie zomrieť. V dôsledku neutíchajúceho mučenia je dolné podsvetie plné kriku, stonania a hnilobného zápachu krvi ľudí.

Mučivý krik v dolnom podsvetí

Domnievam sa, že niektorí z vás priamo zažili vojnu. Ak nie, tak možno ste vo vojnových filmoch a historických

Peklo

dokumentoch videli hrozné scény plné kriku a bolesti. Všade sú zranení ľudia. Niektorým chýbajú nohy alebo ruky. Ich oči sa vypichnuté a dokonca aj ich mozog je vystrelený. Nikto nevie, kedy bude terčom delostreleckej paľby on. To miesto je plné dusivého dymu z delostrelectva a zápachu z krvi, stonania a kriku. Taký pohľad ľudia nazývajú „peklo na zemi."

Ale katastrofické scény z dolného podsvetia sú oveľa nešťastnejšie než najhoršie scény ktoréhokoľvek bojiska na tomto svete. Okrem toho duše v dolnom podsvetí trpia nielen v dôsledku tohto mučenia, ale aj zo strachu z budúceho mučenia. Mučenie je pre nich príliš nesnesiteľné a márne sa mu snažia uniknúť. Ešte ich čaká horiaci oheň a síra v hlbšom pekle.

Aké poľutovaniahodné a skľúčené sú duše pri pohľade na horiacu síru pekla, hovoriac: „Mal som veril, keď hlásali evanjelium... Nemal som hrešiť...!" Ale už neexistuje žiadna druhá šanca ani žiadna cesta spásy.

V dolnom podsvetí vládne Lucifer

Človek nedokáže pochopiť druh a veľkosť trestov v dolnom podsvetí. Rovnako ako sa metódy mučenia líšia na tomto svete, to isté možno povedať o mučení v dolnom podsvetí.

Niektorí môžu trpieť v dôsledku ich hnijúcich tiel. Telá iných ľudí môžu byť ohlodávané a obhrýzané alebo ich krv vysávaná rôznymi chrobákmi a hmyzom. A ďalší sú pritlačení na žeravé kamene alebo stoja na piesku s teplotou sedemkrát vyššou ako na plážach alebo púšťach tohto sveta. V niektorých prípadoch samotní poslovia pekla mučia duše. Iné metódy mučenia zahŕňajú vodu, oheň a ďalšie nepredstaviteľné metódy a zariadenia. Boh lásky nevládne nad týmto miestom nespasených duší. Boh dal právomoc vládnuť nad týmto miestom zlým duchom. V dolnom podsvetí, kde zostávajú nespasené duše, ktoré sú ako plevy, vládne Lucifer, vodca všetkých zlých duchov. Tu už neexistuje žiadne zľutovanie ani súcit a každý aspekt dolného podsvetia riadi Lucifer.

Totožnosť Lucifera, vodcu zlých duchov

Kto je Lucifer? Lucifer bol jeden z archanjelov, ktorého Boh veľmi miloval a nazval ho „synom úsvitu" (Iz. 14:12). Ale vzbúril sa proti Bohu a stal sa vodcom zlých duchov.

Anjeli v nebi nemajú ľudskosť ani slobodnú vôľu. Preto sa nemôžu rozhodnúť na základe vlastnej vôle a iba nasledujú príkazy ako roboty. V mimoriadnych prípadoch však Boh môže dať niektorým anjelom ľudskosť a deliť sa s nimi o lásku. Lucifer, ktorý bol jedným z týchto anjelov, bol zodpovedný za nebeskú hudbu. Lucifer chválil Boha krásnym hlasom a hrou na hudobné nástroje a Boh bol potešený jeho spevom na Jeho slávu.

Ale postupne sa kvôli mimoriadnej láske Boha stal arogantným a nakoniec ho túžba stať sa väčším a silnejším ako Boh viedla k vzbure proti Bohu.

Lucifer sa vzbúril a povstal proti Bohu

Biblia nám hovorí, že Lucifera nasledovalo obrovské

Peklo

množstvo anjelov (2 Pt. 2:4; Júd. 1:6). V nebi sú myriády anjelov a asi tretina z nich nasledovala Lucifera. Môžete si predstaviť, koľko anjelov sa pripojilo k Luciferovi. Lucifer sa vzbúril proti Bohu v dôsledku jeho arogancie.

Ako bolo možné, že Lucifera nasledovalo také veľké množstvo anjelov? Môžete to ľahko pochopiť, ak si uvedomíte, že anjeli iba počúvajú príkazy ako stroje alebo roboty.

Lucifer najprv získal podporu niektorých hlavných anjelov, ktorí boli pod jeho vplyvom a potom už ľahko vyhral priazeň im podriadených anjelov.

Spomedzi duchovných bytostí, okrem anjelov, aj draci a časť cherubínov nasledovali Luciferovo povstanie. Lucifer, ktorý sa proti Bohu vzbúril povstaním, bol nakoniec porazený a aj so stúpencami vyhodený z neba, kde pôvodne žili. Potom boli uväznení v priepasti, až kým nebudú použití na kultiváciu človeka.

Ako si padla z neba, žiarivá zornička! Zrazený si k zemi, čo si vládol nad národmi. Veď v srdci si si hovoril: „Do nebies vystúpim, až nad Božie hviezdy vyvýšim svoj trón, sídliť chcem na vrchu zhromaždenia, na stráňach severu. Vystúpim do výšin oblakov, prirovnám sa Najvyššiemu." Lenže do podsvetia si zvrhnutý, na stráne priepasti (Iz. 14:12-15).

Keď Lucifer žil v nebi, ktoré preteká Božou láskou, bol neopísateľne krásny. Po povstaní sa však stal škaredým a desivým. Ľudia, ktorí ho duchovnými očami videli, hovoria, že Lucifer je taký škaredý, že sa vám bude zdať veľmi nechutné sa na neho čo i len pozerať. S vlasmi rozstrapatenými, týčiacimi sa vysoko k nebu a rôznych farieb, ako je červená, biela a žltá, vyzerá bezútešne.

Dnes Lucifer vedie ľudí, aby ho napodobňovali v obliekaní a účese. Keď ľudia tancujú vystrkujúc prsty, sú veľmi divokí, búrliví a škaredí.

To sú trendy dnešnej doby, ktoré vytvára Lucifer a šíria sa prostredníctvom médií a kultúry. Tieto trendy môžu zraniť city ľudí a viesť ich k chaosu. Navyše, tieto trendy klamú ľudí, aby sa dištancovali od Boha a dokonca Ho popierali.

Božie deti by mali byť iné a nemali by podľahnúť svetským trendom. Ak svetským trendom podľahnete, budete sa, samozrejme, držať ďaleko od Božej lásky, pretože pozemské trendy ovládnu vaše srdce a myseľ (1 Jn. 2:15).

Zlí duchovia robia dolné podsvetie ukrutným miestom

Boh lásky je dobrota sama. Jeho múdrym a dobrým rozhodnutím a úsudkom pre nás pripravuje všetky veci. Chce, aby sme naveky žili v najväčšom šťastí v krásnom nebi. Lucifer je zlo samo o sebe. Zlí duchovia, stúpenci Lucifera, neustále vymýšľajú tvrdšie spôsoby mučenia ľudí. Vo svojej zlobe vytvárajú všetky možné druhy mučiacich metód a robia tak dolné podsvetie ešte desivejším miestom.

Aj na tomto svete naprieč celou históriou ľudia vymýšľali rôzne kruté metódy mučenia. Keď bola Kórea pod nadvládou

Peklo

Japonska, Japonci mučili kórejských vodcov národných hnutí za nezávislosť prepichovaním kože pod nechtami bambusovou ihlou alebo strhávaním nechtov, jeden po druhom, na rukách a nohách. Do očí a nozdier vodcov hnutí liali zmes červeného korenia a vody, zatiaľ čo viseli dolu hlavou. Mučiarne boli plné odporného zápachu spáleného mäsa, pretože japonskí mučitelia pálili rôzne časti tela horúcimi kúskami kovu. V dôsledku ukrutnej bitky im z oblasti žalúdkov vytryskli vnútorné orgány.

Ako mučili zločincov ľudia počas celej kórejskej histórie? Jedným zo spôsobov bolo točenie nôh zločinca. Zločinec bol priviazaný za členky a kolená a potom mu medzi lýtka vložili dve tyče. Keď mučiteľ pohyboval tyčami, kosti v nohách zločinca polámal na kúsky. Viete si predstaviť, aké bolestivé to muselo byť?

Mučenie vykonávané ľuďmi je také kruté ako naša predstavivosť. O koľko krutejšie a nešťastnejšie to bude, keď nespasené duše mučia zlí duchovia, ktorých rozum a schopnosti sú ďaleko silnejšie? Je ich potešením vymýšľať rôzne spôsoby mučenia a skúšať ich na nespasených dušiach.

To je dôvod, prečo musíte poznať svet zlých duchov. Potom sa môžete rozhodovať, kontrolovať a prekonávať ich. Môžete ich ľahko poraziť, keď vytrváte byť svätí a čistí bez nasledovania trendov tohto sveta.

Totožnosť poslov pekla

Kto sú títo poslovia pekla, ktorí mučia nespasených ľudí v dolnom podsvetí? Sú to padlí, podriadení anjeli, ktorí pred začiatkom vekov nasledovali Luciferovu vzburu.

> *A anjelov, ktorí nezachovali svojho kniežatstva, ale opustili svoj vlastný príbytok, zachoval strážených pod mrákavou vo večných putách k súdu veľkého dňa* (Jud, 1:6).

Padlí anjeli nemôžu voľne prichádzať na tento svet, pretože Boh ich až do rozsudku veľkého bieleho trónu zviazal v temnote. Niektorí ľudia tvrdia, že démoni sú padlí anjeli, ale to nie je pravda. Démoni sú nespasené duše, ktoré sú za mimoriadnych okolností vypustené z dolného podsvetia, aby vykonali určitú prácu. Podrobnejšie to vysvetlím v ôsmej kapitole.

Anjeli, ktorí padli spolu s Luciferom

Boh zviazal padlých anjelov v temnotách – v pekle – až do vydania rozsudku. A preto padlí anjeli nemôžu prísť, s výnimkou zvláštnych príležitostí, na tento svet.

Predtým, ako sa vzbúrili proti Bohu, boli veľmi krásni. Avšak odkedy padli a boli prekliati, poslovia pekla nie sú ani krásni, ani úžasní.

Vyzerajú tak nezaujímavo, že nimi budete znechutení. Buď majú tvár podobnú tvári ľudí, alebo vyzerajú ako rôzne škaredé

Peklo

zvieratá. Ich vzhľad je podobný vzhľadu škaredých zvierat, ako napríklad, ošípaných opísaných v Biblii (Lv. 11). Ale oni majú škaredé, prekliate tváre. Telá si zdobia groteskými farbami a vzormi.

Nosia železné brnenie a vojenské topánky. K telám majú pevne pripevnené ostré mučiarske nástroje. V ruke majú často nôž, kopiju alebo bič.

Majú panovačný prístup a pri každom ich pohybe môžete cítiť ich silnú moc, pretože ich úplná moc a autorita pochádza z temnoty. Ľudia sa veľmi boja démonov. Ale poslovia pekla sú oveľa desivejší než démoni.

Poslovia pekla mučia duše

Čo je presne úlohou poslov pekla? Je to predovšetkým mučenie nespasených duší, pretože ich úlohou je starať sa o peklo.

Tvrdšie mučenie poslami pekla je pripravené pre ľudí, ktorí dostali ťažšie tresty v dolnom podsvetí. Napríklad, posol pekla s tvárou škaredého prasaťa na kúsky krája telá duší, nafúkne ich ako balóny a prepichne ich alebo bičuje.

Navyše mučia ľudí rôznymi metódami. Dokonca ani deti sa nevyhnú mučeniu. Čo zlomí našu dušu, je skutočnosť, že poslovia pekla pre pobavenie bodajú alebo bijú deti. Preto by ste sa mali snažiť zo všetkých síl, aby ste zabránili čo i len jednej duši pred pádom do pekla, ktoré je krutým, biednym a hrozným miestom, naplneným nekonečnou bolesťou a utrpením.

Dolné podsvetie a totožnosť poslov pekla

V roku 1992 som bol v dôsledku nadmerného stresu a prepracovania na prahu smrti. Vtedy mi Boh ukázal mnohých členov mojej cirkvi, ktorí nasledujú trendy tohto sveta. Až kým som neuvidel túto scénu, dychtivo som chcel byť s Pánom. Ale vediac, že mnohé z mojich oviec by skončili v pekle, nemohol som už chcieť zostať s Pánom. Tak som si to rozmyslel a požiadal Boha, aby ma vzkriesil. V tom okamihu ma Boh naplnil silou a na moje prekvapenie som bol schopný vstať zo svojho smrteľného lôžka a bol som úplne zdravý. Vzkriesila ma Božia moc. Pretože peklo tak dobre poznám a viem o ňom veľa, usilovne hlásam tajomstvá pekla, ktoré mi Boh zjavil v nádeji na záchranu aspoň jednej duše.

Kapitola 4
Tresty nespasených detí v dolnom podsvetí

Ľudský plod a dojča

Batoľatá

Deti schopné chodiť a rozprávať

Deti vo veku šesť až dvanásť rokov

Malí chlapci, ktorí sa posmievali prorokovi Elizeovi

„Nech ich stihne smrť!
Zaživa nech zostúpia do ríše mŕtvych,
lebo v ich príbytkoch i v nich je plno zloby!"
- Ž. 55:15 -

„Odtiaľ sa pobral hore do Bételu. Ako tak vystupoval,
vyšli z mesta uličníci a posmešne naňho volali:
Poď hore, plešivec, poď hore, plešivec!
Obrátil sa a keď ich uzrel, preklial ich menom Pána.
Vtom sa vyrútili z hory dve medvedice
a roztrhali z nich štyridsaťdva chlapcov."
- 2 Kr. 2:23-24 -

V predchádzajúcej kapitole som opísal, ako padlý archanjel Lucifer vládne v pekle a ako ho ostatní padlí anjeli pod vedením Lucifera riadia. Poslovia pekla mučia nespasené duše v závislosti od ich hriechov. Všeobecne platí, že trest v dolnom podsvetí je rozdelený do štyroch úrovní. Najľahší trest je určený pre ľudí, ktorí sa dostanú do pekla v dôsledku rozsudku svedomia. Najťažší trest je pre ľudí, ktorých svedomie je spálené ako horúcim železom, a ktorí sa postavili proti Bohu tak, ako to urobil Judáš Iškariotský, keď predal Ježiša kvôli vlastnému prospechu.

V ďalších kapitolách podrobne vysvetlím, aké druhy trestov sú pripravené pre nespasené duše v dolnom podsvetí, ktoré patrí k peklu. Predtým, ako sa ponorím do trestov pre dospelých, opíšem druhy trestov pripravené pre nespasené detí v rôznych vekových skupinách.

Ľudský plod a dojča

Aj dieťa bez myšlienok môže ísť do dolného podsvetia, ak neprešlo rozsudkom svedomia kvôli hriešnej prirodzenosti v ňom, ktorú zdedilo po neveriacich rodičoch. Dieťa dostane relatívne ľahký trest, pretože jeho hriech je ľahký v porovnaní s hriechmi dospelých, ale stále trpí hladom a neznesiteľnými bolesťami.

Dojčatá plačú a trpia hladom

Dojčatá, ktoré ešte nedokážu chodiť alebo hovoriť, sú

Peklo

rozdelené do kategórií a zostávajú na veľkom mieste. Nemôžu premýšľať alebo samy chodiť, pretože nespasené deti si zachovávajú rovnaké funkcie a svedomie, ako mali v okamihu smrti.

Navyše nevedia, prečo sú v pekle, pretože v mozgu nemajú žiadne vedomosti. Iba inštinktívne plačú od hladu, bez toho, aby poznali ich matky a otcov. Posol pekla prepichne dieťaťu brucho, rameno, nohu, oko, nechty na rukách alebo nohách špicatým predmetom, ktorý pripomína vrták. Dieťa potom spustí prenikavý krik a posol pekla sa z dieťaťa len s radosťou smeje. Aj keď neustále plačú, nikto sa o tieto deti nestará. Ich plač pokračuje aj napriek vyčerpaniu a silným bolestiam. Poslovia pekla sa niekedy zhromaždia okolo, zdvihnú jedno dieťa a nafúknu ho ako balón. Potom si ho hádžu, kopú doň alebo ho kvôli zábave použijú ako nástroj hry. Aké je to kruté a hrozné!

Opustené ľudské plody sú okrádané o teplo a pohodlie

Aký je osud ľudských plodov, ktoré zomrú skôr, než sa narodia? Ako som už vysvetlil, väčšina z nich je spasených, ale sú tam aj výnimky. Niektoré plody nemôžu byť spasené, pretože sú splodené s najhorším charakterom zdedeným po rodičoch, ktorí sa postavili proti Bohu a vykonali veľmi zlé skutky. Duše nespasených ľudských plodov sa tiež nachádzajú na jednom mieste, tak ako dojčatá.

Nie sú mučené až tak ukrutne ako duše starších ľudí, pretože nemali žiadne svedomie a až do smrti sa nedopustili žiadneho hriechu. Ich trestom a prekliatím je to, že sú ponechané opustené bez tepla a pohodlia, ktoré cítili v lone matky.

Tvar tela v dolnom podsvetí

Aký tvar tela majú nespasené duše v dolnom podsvetí? Na jednej strane, ak zomrie dojča, zachová si postavu dojčaťa. Ak zomrie ľudský plod v lone matky, v dolnom podsvetí si zachová tvar plodu. Na druhej strane, spasené duše v nebi dostanú druhým príchodom Ježiša Krista novovzkriesené telo, aj keď majú rovnaký tvar ako na tomto svete. Vtedy sa každý premení na krásneho 33-ročného človeka ako bol Pán Ježiš a získa duchovné telo. Nízky človek bude mať optimálnu výšku a človek bez nohy alebo ruky bude mať všetky časti tela obnovené.

Ale nespasené duše v pekle nezískajú novovzkriesené telo ani po druhom príchode Pána. Nemôžu byť vzkriesené, pretože od Ježiša Krista nezískali život, a preto majú rovnakú postavu ako v čase smrti. Ich tváre a telá sú bledé alebo tmavomodré – ako mŕtvoly – a vlasy majú hrôzami pekla rozstrapatené. Niektorí majú na sebe handry, iní len niekoľko kusov látky, a ďalší nemajú na sebe nič.

V nebi sú spasené duše oblečené do krásnych bielych šiat a majú žiarivé vence. Jas šiat a ozdôb sa líši podľa slávy a odmien jednotlivých ľudí. Naopak, v pekle sa vzhľad nespasených duší líši v závislosti od rozsahu a druhu ich hriechov.

Batoľatá

Novorodenci rastú a učia sa stáť, batoliť a prvé slová. Aké tresty postihnú tieto batoľatá, keď zomrú?

Batoľatá sú tiež zoskupené na jednom mieste. Trpia inštinktívne, pretože v čase smrti neboli schopné logicky myslieť a rozumne sa rozhodovať.

Batoľatá plačú za rodičmi v neznesiteľnej hrôze

Batoľatá majú dva až tri roky. A preto nevedia, že zomreli a nevedia, prečo sú v pekle, ale ešte stále si pamätajú svojich rodičov. To je dôvod, prečo opakovane volajú: „Kde si, mami? Ocko? Chcem ísť domov! Prečo som tu?"

Kým žili na tomto svete, ich matky rýchlo pribehli a držali ich pevne vo svojom náručí, keď napríklad, spadli a udreli si kolená. Ale ich matky ich tu neprídu utešiť, ani keď kričia a plačú, keď sú ich telá zaliate krvou. Nekričí dieťa v slzách so strachom, keď sa stratí matke v supermarkete alebo v obchodnom dome?

V pekle nemôžu nájsť rodičov, ktorí by ich ochránili pred hrôzou pekla. Táto skutočnosť je sama o sebe dosť odstrašujúca, aby ich viedla k neznesiteľnej hrôze. Okrem toho, hroziace hlasy a groteskný smiech poslov pekla nútia deti kričať v slzách ešte hlasnejšie, ale je to márne.

Na skrátenie času poslovia pekla bijú batoľatá po zadku, šliapu po nich alebo ich bičujú. Potom sa batoľatá v dôsledku šoku a bolesti pokúšajú skrčiť alebo od nich utiecť. Avšak na tomto preplnenom mieste batoľatá nemôžu utiecť a v potokoch sĺz a nosných hlienov sa navzájom potkýnajú, udierajú, celé ich telo je trhané a prelieva krv. Za týchto úbohých okolností deti neustále v slzách plačú, pretože túžia po matke, sú hladné a vydesené. Tieto podmienky sú pre tieto deti samy o sebe „peklom".

Je takmer nemožné, aby sa deti vo veku dvoch alebo troch rokov dopustili závažných hriechov a zločinov. Napriek tomu sú hrozne potrestané kvôli dedičnému hriechu a nimi spáchaných hriechov. O koľko biednejšie budú v pekle potrestaní dospelí, ktorí sa dopustia vážnejších hriechov ako deti?

Každý sa však môže vyhnúť trestu pekla. Stačí ak prijme Ježiša Krista, ktorý zomrel na kríži a vykúpil nás, a bude žiť vo svetle. Môže byť vedený do neba, pretože jeho hriechy z minulosti, prítomnosti a budúcnosti sú už odpustené.

Deti schopné chodiť a rozprávať

Batoľatá, ktoré začnú chodiť a dokážu vysloviť jedno alebo dve slová, keď dosiahnu vek troch rokov, už sú schopné behať a plynule rozprávať. Aké druhy trestov čakajú batoľatá vo veku od troch do piatich rokov v dolnom podsvetí?

Poslovia pekla ich naháňajú s oštepmi

Deti vo veku od troch do piatich rokov sú oddelené na tmavom a priestrannom mieste, kde sú mučené. Zo všetkých síl sa snažia utiecť kdekoľvek sa dá, aby unikli poslom pekla, ktorí

Peklo

ich naháňajú s trojramennými oštepmi v rukách.

Trojramenné oštepy sú oštepy, ktorých koniec je rozdelený na tri časti. Poslovia pekla naháňajú duše týchto detí, prepichujúc ich oštepmi spôsobom, akým lovec ide po svojej obeti. Napokon, tieto deti dosiahnu útes a v hĺbke útesu vidia vriacu vodu pripomínajúcu lávu z aktívnej sopky. Spočiatku deti váhajú z útesu skočiť, ale nakoniec sú nútené skočiť do vriacej vody, aby unikli pred poslami pekla. Nemajú inú možnosť.

Snažiť sa vyliezť z vriacej vody

Deti sa môžu vyhnúť prepichnutiu oštepmi v rukách poslov, ale teraz sú vo vriacej vode. Viete si predstaviť, aké bolestivé to musí byť? Deti sa snažia, aby si aspoň tváre udržali nad vriacou vodou, pretože im vniká do nozdier a úst. Keď to poslovia vidia, vysmievajú sa z detí, hovoriac: „Nie je to zábava?" alebo „Och, to je také nádherné!" Potom poslovia skríknu: „Kto dovolil, aby tieto deti išli do pekla? Poďme zviesť ich rodičov na cestu smrti, a keď zomrú, priveďme ich tu, aby sa pozerali na to, ako ich deti trpia a sú mučené!"

Práve v tej chvíli sú deti, ktoré sa trápia vo vriacej vode, chytené do veľkej siete ako ryby a hodené späť na pôvodné miesto, z ktorého utiekli. Od tej doby sa naveky opakuje bolestivý proces detí utekajúcich pred poslami pekla, ktorí ich prenasledujú s oštepmi a ich skákania do vriacej vody.

Tieto deti majú len tri až päť rokov; ešte nedokážu dobre behať. Napriek tomu sa snažia utekať tak rýchlo, ako vedia, aby sa vyhli naháňajúcim poslom pekla, ktorí ich prenasledujú s oštepmi a prídu až k útesu. Skočia dolu do vriacej vody a znovu sa snažia dostať von z vody. Potom sú chytené do veľkej siete a hodené späť na pôvodné miesto. Tento kolobeh sa opakuje donekonečna. Aké je to úbohé a tragické! Už ste si niekedy popálili prst na horúcej žehličke alebo hrnci? Takže viete, aké horúce a bolestivé to bolo. Teraz si predstavte, že celé vaše telo je obliate vriacou vodou, alebo že ste ponorení do vriacej vody vo veľkom hrnci. Je bolestivé a hrozné už len na to pomyslieť.

Ak ste niekedy mali tretí stupeň popálenín, pravdepodobne si dobre pamätáte, ako veľmi to bolelo. Možno si tiež pamätáte na červené mäso, zápach spáleného tela a hrozný zápach hnijúcich, mŕtvych buniek na tomto spálenom mieste. Aj keď sa spálená časť uzdraví, často zostávajú škaredé jazvy. Väčšina ľudí má problémy nadväzovať vzťahy s ľuďmi s takýmito jazvami. Niekedy dokonca ani rodinní príslušníci nedokážu s takým človekom večerať. Počas liečby pacient nevydrží odstraňovanie spáleného mäsa, a v najhorších prípadoch sa kvôli dusivému pocitu a agónii sprevádzajúcimi liečbu u pacienta objavia duševné poruchy alebo spácha samovraždu. Ak popáleninami trpí dieťa, aj srdce rodičov cíti bolesť.

Ale ani najhoršie popáleniny na tomto svete sa nedajú porovnať s večne sa opakujúcimi trestami duší nespasených batoliat v pekle. Rozsah bolesti a krutosti, ktoré tieto tresty spôsobujú deťom v pekle, sú jednoducho mimo našu predstavivosť.

Peklo

Pred týmito opakujúcimi sa trestami niet kam utiecť

Deti utekajú a utekajú, aby sa vyhli poslom pekla, ktorí ich naháňajú s trojramennými oštepmi v rukách, a nakoniec z útesu padajú do vriacej vody. Sú úplne ponorené do vriacej vody. Vriaca voda sa lepí na ich telá ako lepkavá láva a odporne zapácha. Okrem toho, odporná a lepkavá vriaca voda im vniká do nozdier a úst, zatiaľ čo sa snažia dostať von z vriacej vody. Ako sa toto dá prirovnať k akémukoľvek popáleniu na tomto svete, bez ohľadu na to, aké je rozsiahle?

Tieto deti neomdlievajú, aj keď sú bez prestávky opakovane mučené. Nemôžu sa zblázniť, mdlobami zabudnúť, aspoň na chvíľu necítiť bolesť alebo spáchať samovraždu, aby unikli bolesti v pekle. Aké je to ukrutné!

Toto je popis obrovskej bolesti a utrpenia troj-, štvor- alebo päťročných detí v dolnom podsvetí ako trest za ich hriechy. Viete si teda predstaviť, aký druh a veľkosť trestu postihne starších ľudí v iných častiach pekla?

Deti vo veku šesť až dvanásť rokov

Aké druhy trestov postihnú nespasené detí vo veku od šiestich do dvanástich rokov v dolnom podsvetí?

Pochovaní krvavou riekou

Od stvorenia sveta už nespočetné množstvo nespasených duší

preljalo krv pri ukrutnom mučení v dolnom podsvetí. Koľko krvi už museli preliať, keďže sú ich ruky a nohy obnovené zakaždým, keď sú odrezané? Množstvo ich krvi je dostatočné na vytvorenie rieky, pretože ich trest sa naveky opakuje bez ohľadu na množstvo už vyliatej krvi. Aj na tomto svete po veľkej vojne či masakri, krv ľudí vytvorí malý bazén alebo potôčik. V takom prípade je vzduch naplnený zápachom z hnijúcej krvi. V horúcich letných dňoch je zápach ešte horší a rozmnožia sa všetky druhy škodlivého hmyzu a infekčné choroby sa stanú epidémiami.

V dolnom podsvetí pekla nie je malý bazén alebo potôčik, ale široká a hlboká krvavá rieka. Deti od veku asi šesť až do dvanásť rokov sú mučené na brehu rieky a sú tam aj zahrabané. Čím ťažší hriech spáchali, tým bližšie k rieke a hlbšie sú pochované.

Hrabanie zeme

Deti, ktoré sú ďaleko od krvavej rieky, nie sú zahrabané v zemi. Ale sú také hladné, že holými rukami neustále hrabú tvrdú zem, aby našli nejaké jedlo. Zúfalo a márne hrabú, až kým neprídu o nechty a ich prsty sa stanú malými a zavalitými. Ich prsty sa zmenšia na polovicu ich pôvodnej veľkosti a sú zaliate krvou. Dokonca aj kosti ich prstov sú odkryté. Nakoniec aj ich dlane sú tak, ako prsty, zničené. Napriek tejto bolesti sú tieto deti nútené spoliehať sa na slabú nádej na nájdenie potravy.

Keď pristúpite bližšie k rieke, môžete ľahko vidieť, že deti sú horšie. Čím sú deti horšie, tým bližšie k rieke sú umiestnené. Kvôli extrémnemu hladu dokonca bojujú medzi sebou,

Peklo

pokúšajúc sa odhryznúť si navzájom kus mäsa, zatiaľ čo sú do pol pása zahrabané v zemi.

Najhoršie deti sú potrestané priamo na brehu rieky a sú až po krk zahrabané v zemi. Ak sú ľudia na tomto svete zahrabaní do zeme, nakoniec zomrú, pretože im krv nemôže cirkulovať po celom tele. Skutočnosť, že neexistuje žiadna smrť, znamená len nekonečné utrpenie nespasených duší, ktoré sú v pekle mučené.

Trpia v dôsledku zápachu rieky. Všetky druhy škodlivého hmyzu z rieky, ako sú muchy alebo komáre, hryzú tváre detí, ale deti nemôžu hmyz odohnať, pretože sú zahrabané v zemi. Nakoniec im opuchnú tváre do tej miery, že už nie sú rozoznateľné.

Úbohé deti: hračky poslov pekla

V žiadnom prípade tam neexistuje koniec utrpenia detí. Ich ušné bubienky im môžu prasknúť kvôli hlasnému rehotu poslov pekla, keď sa zastavia na brehu rieky, rehocú sa a rozprávajú. Keď poslovia pekla oddychujú, tiež šliapu alebo sedia na hlavách týchto detí zahrabaných v zemi.

Oblečenie a obuv poslov pekla sú vybavené najostrejšími predmetmi. Preto sú hlavy detí rozdrvené, ich tváre roztrhané alebo ich vlasy sú vo veľkých chumáčoch vytrhávané, keď po nich poslovia šliapu alebo sedia. Poslovia tiež režú tváre detí alebo nohami im rozdupú hlavy. Aký krutý je tento trest?

Možno si hovoríte: „Je možné, aby sa tieto deti vo veku prvého stupňa základnej školy dopustili takých ťažkých hriechov, aby si zaslúžili tento krutý trest?" Nech sú deti akékoľvek malé, majú prvotný hriech a hriechy, ktoré spáchali úmyselne. Duchovný zákon, ktorý nariaďuje, že „mzdou za hriech je smrť", je univerzálne použiteľný na každého človeka bez ohľadu na jeho vek.

Malí chlapci, ktorí sa posmievali prorokovi Elizeovi

2 Kr. 2:23-24 vykresľuje scénu, v ktorej išiel prorok Elizeus z Jericha do Betelu. Ako prorok kráčal po ceste, vyšli z mesta malí chlapci a posmievali sa mu: „Hore sa, plešivec!" Už keď to nemohol vystáť, Elizeus ich nakoniec preklial. Vtom vyšli z hory dve medvedice a roztrhali z nich štyridsaťdva chlapcov. Čo myslíte, čo sa stalo so štyridsiatimi dvoma deťmi v dolnom podsvetí?

Zahrabaní po krk

Dve medvedice roztrhali štyridsaťdva detí. Dokážete si predstaviť, koľko detí muselo nasledovať a posmievať sa prorokovi? Elizeus bol prorok, ktorý vykonával mnoho mocných Božích skutkov. Inými slovami, Elizeus by ich nepreklial, ak by sa mu posmievali len niekoľkými slovami.

Neustále ho nasledovali a posmievali sa mu: „Hore sa, plešivec!" Hádzali po ňom kamene a strkali doň palicou. Prorok Elizeus ich musel najprv upozorňovať a dohovárať im, ale preklial ich len preto, lebo boli príliš zlí, aby im bolo odpustené.

Tento incident sa stal pred niekoľko tisíc rokmi, kedy mali

Peklo

ľudia oveľa lepšie svedomie a zlo nevíťazilo tak, ako sa to deje v našej dobe. Tieto deti museli byť dosť zlé, aby sa posmievali starému prorokovi Elizeovi, ktorý konal mocné Božie skutky.

V dolnom podsvetí sú tieto deti mučené v blízkosti krvavej rieky, pričom sú až po krk zahrabané v zemi. Dusia sa tým najodpornejším zápachom z rieky, sú doštípané všetkými druhmi škodlivého hmyzu a sú kruto mučené poslami pekla.

Rodičia musia deti viesť

Ako sa deti našej doby správajú? Niektoré z nich nechajú priateľov vonku v zime, berú im vreckové alebo peniaze na obed, bijú ich, a dokonca ich pália cigaretovými ohorkami – to všetko preto, lebo ich nemajú rady. Niektoré deti dokonca spáchajú samovraždu, pretože už nedokážu vydržať takéto opakované a kruté týranie. Ostatné deti vytvárajú organizované gangy, keď sú ešte len na základných školách, a dokonca aj zabíjajú ľudí, napodobňujúc notorických zločincov.

Rodičia by preto mali vychovávať deti tak, aby ich uchránili pred trendom tohto sveta a namiesto toho ich viesť k vytvoreniu a žitiu života vo viere bojac sa Boha. Ako veľmi budete ľutovať, keď pôjdete do neba a uvidíte, ako sú vaše deti mučené v pekle? Je hrozné už len na to myslieť.

Preto by ste vaše drahé deti mali vychovať k životu vo viere v súlade s pravdou. Napríklad, vaše deti by ste mali naučiť, aby nerozprávali a nebehali počas bohoslužby, ale modlili sa a chválili celým srdcom, mysľou a dušou. Dokonca aj deti, ktoré ešte nechápu, čo ich matky hovoria, pri bohoslužbách dobre spia a neplačú, keď sa matky za nich modlia a vychovávajú ich vo viere. Tieto deti dostanú odmenu za ich správanie v nebi.

Deti vo veku od troch alebo štyroch rokov môžu uctievať Boha a modliť sa, ak ich rodičia učia takému pravidlu. V závislosti od veku detí môže byť aj hĺbka modlitby iná. Rodičia môžu deti naučiť, aby kúsok po kúsku zvyšovali dĺžku modlitby, t.j. z piatich minút na desať minút, na tridsať minút, na hodinu, a tak ďalej.

Nech sú deti akokoľvek malé, keď ich rodičia naučia Slovo v závislosti od ich veku a úrovni chápania a naučia ich podľa neho žiť, deti sa budú často snažiť dodržiavať Božie Slovo a žiť spôsobom, ktorý potešuje Boha. Budú tiež konať pokánie a vyznávať svoje hriechy so slzami v očiach, keď v nich bude pôsobiť Duch Svätý. Vyzývam vás, aby ste ich konkrétne naučili, kto je Ježiš Kristus a viedli ich k rastu vo viere.

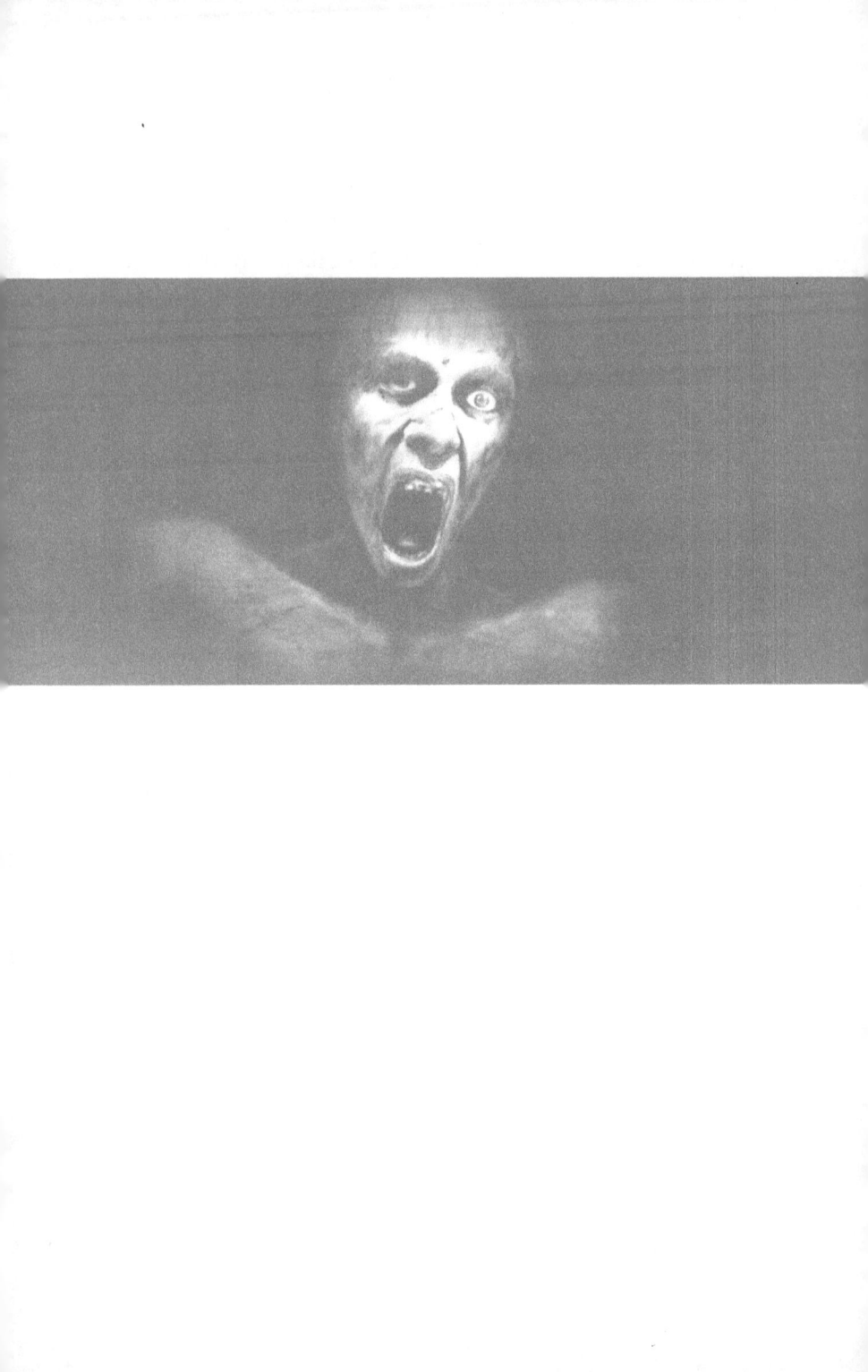

Kapitola 5

Tresty ľudí, ktorí zomreli po trinástom roku života

Prvá úroveň trestu
Druhá úroveň trestu
Trest faraóna
Tretia úroveň trestu
Trest Piláta Pontského
Trest Saula, prvého kráľa Izraela
Štvrtá úroveň trestu Judáša Iškariotského

„Do podsvetia je zvrhnutá tvoja hrdosť za zvuku
tvojich hárf. Pod tebou lezie chrobač
a červy sú tvojou prikrývkou."
- Iz. 14:11 -

„Ako sa rozplynul oblak a zmizol,
tak ten, kto zostupuje do ríše mŕtvych,
už nevystúpi."
- Jób 7:9 -

Každý, kto vstúpi do neba, dostane rôzne odmeny a slávu podľa jeho skutkov v tomto živote. Naopak, v dolnom podsvetí na jednotlivcov čakajú rôzne tresty podľa ich zlých skutkov v tomto živote. Ľudia v pekle trpia obrovským množstvom večnej bolesti a veľkosť bolesti a utrpenia sa líši od jedného človeka k druhému v závislosti od vlastných skutkov spáchaných v tomto živote. Či človek skončí v nebi, alebo v pekle, bude žať to, čo zaseje.

Čím viac hriechov ste spáchali, tým do hlbšieho pekla vstúpite, a čím ťažšie sú vaše hriechy, tým väčšia bude vaša bolesť v pekle. Podľa toho, do akej miery je človek v rozpore s Božím srdcom – inými slovami, do akej miery sa človek podobá hriešnej povahe Lucifera – bude stanovená veľkosť trestu.

Gal. 6:7-8 nám hovorí: *„Nemýľte sa: Boh sa vysmievať nedá. Čo človek zaseje, to bude aj žať. Lebo kto seje pre svoje telo, z tela bude žať porušenie. Ale kto seje pre ducha, z ducha bude žať večný život."* A preto určite zožnete to, čo ste zasiali.

Aké druhy trestov získajú v dolnom podsvetí ľudia, ktorí zomrú po pubertálnom období? V tejto kapitole vám priblížim štyri úrovne trestov v dolnom podsvetí určených pre duše podľa skutkov, ktoré spáchali v tomto živote. Prosím vás, pochopte, že nemôžem poskytnúť grafické detaily, pretože to by len zväčšilo váš strach.

Prvá úroveň trestu

Niektoré duše sú nútené stáť na piesku, ktorý je sedemkrát horúcejší ako piesok na púšťach alebo plážach tohto sveta.

Peklo

Utrpeniu nemôžu uniknúť, pretože je to, ako keby uviazli uprostred veľkej púšte.

Už ste niekedy kráčali bosými nohami po spaľujúco horúcom piesku v horúci letný deň? Nedokážete zniesť tú bolesť, ani keď sa pokúsite naboso kráčať po pláži desať až pätnásť minút v horúci a slnečný letný deň. Piesok v tropických častiach sveta je oveľa horúcejší. Majte na pamäti, že piesok v dolnom podsvetí je sedemkrát horúcejší ako najhorúcejší piesok tohto sveta.

Počas púte do Svätej zeme som sa smerom k Mŕtvemu moru, namiesto nastúpenia na vozík, snažil bežať po asfaltovej ceste. Začal som rýchlo bežať spolu s dvoma ďalšími pútnikmi, ktorí boli so mnou na púti. Spočiatku som necítil žiadnu bolesť, ale asi v polovici cesty som začal pociťovať pálenie v oboch chodidlách. Aj keď sme chceli ukončiť to utrpenie, nebolo kam ísť, po oboch stranách cesty boli polia štrku, ktorý bol rovnako horúci.

Nakoniec sme bežali na druhú stranu cesty, kde sme si mohli ponoriť a namočiť nohy do studenej vody v neďalekom bazéne. Našťastie sa nikto z nás nepopálil. Tento beh trval len približne desať minút, no i to stačilo na okúsenie neznesiteľnej bolesti. Predstavte si teda, že budete nútení naveky stáť na piesku, ktorý je sedemkrát horúcejší než akýkoľvek piesok na tejto zemi. Bez ohľadu na to, ako neznesiteľne horúci je piesok, neexistuje žiadny spôsob zmenšenia alebo ukončenia trestu. A tento trest je najľahší zo všetkých trestov v dolnom podsvetí.

Je tam ďalšia duša, ktorá je mučená iným spôsobom. Je nútená ležať na ťažkej skale, ktorá bola rozžeravená do červena a jej trestom je byť donekonečna pečená. Scéna pripomína mäso, ktoré je pečené na žeravom grile. V tú chvíľu je ďalšia skala, ktorá bola tiež rozžeravená, hodená na telo duše a spolu so všetkými vnútornými orgánmi ho celé rozdrví. Predstavte si, ako žehlíte akýkoľvek druh oblečenia: žehliaca doska je skala, na ktorej je položené oblečenie – odsúdená duša – a žehlička je druhá skala, ktorá stláča to oblečenie.

Žiar je jednou časťou mučenia; rozdrvenie častí tela je druhou. Končatiny sú z tlaku medzi skalami polámané na kúsky. Sila skaly je dostatočne veľká na to, aby rozdrvila rebrá a vnútorné orgány. Keď je rozdrvená lebka, očné buľvy vyskočia a z lebky vytrysknú všetky tekutiny.

Ako môže byť opísané utrpenie duše? Aj keď duša nemá fyzickú formu, môže stále cítiť a trpieť obrovskou bolesťou rovnako ako v tomto živote. Duša nekonečne trpí. Spolu s vreskotom iných mučených duší, táto duša je uväznená vo svojom vlastnom strachu a hrôze, narieka a volá: „Ako môžem uniknúť tomuto mučeniu?"

Druhá úroveň trestu

Prostredníctvom príbehu o boháčovi a Lazárovi v Lk. 16:19-31 môžeme zistiť, aké úbohé je dolné podsvetie. Mocou Ducha Svätého som počul nárek človeka, ktorý bol mučený v dolnom podsvetí. Modlím sa, aby ste sa prečítaním nasledujúcich vyznaní prebudili z duchovného spánku.

Som vláčený sem a tam,
ale je to bez konca.

Peklo

Utekám a utekám, ale je to nekonečné.
Nikde nemôžem nájsť úkryt.
Moja koža je na tomto mieste odtrhnutá
a odporne zapácha.
Hmyz mi ohrýza telo.
Snažím sa pred ním utiecť,
ale vždy som na tom istom mieste.
Neustále mi ohrýza a požiera telo;
saje moju krv.
Trasiem sa hrôzou a strachom.
Čo mám robiť?

Prosím, prosím Ťa,
oznám ľuďom, čo sa so mnou deje.
Povedz im o mojom mučení,
aby tu neskončili.
Naozaj neviem, čo mám robiť.
Od veľkého strachu a hrôzy
môžem len stonať.
Je zbytočné hľadať útočisko.
Škrabú mi chrbát.
Ohrýzajú mi ramená.
Trhajú mi kožu.
Žerú mi svaly.
Sajú mi krv.
Až bude po všetkom,
Budem hodený do ohnivého jazera.
Čo môžem robiť?

Čo mám robiť?

Aj keď som neprijal Ježiša za môjho Spasiteľa,
myslel som si, že som človek s čistým svedomím.
Až kým som nebol hodený do dolného podsvetia,
nikdy som si neuvedomil, že som spáchal tak veľa hriechov!
Teraz môžem len ľutovať a ľutovať
skutky, ktoré som urobil.
Prosím Ťa, uisti sa,
že nebudú ďalší ľudia takí, ako som ja.
Mnoho ľudí si počas života
myslelo, že viedli dobrý život.
Ale všetci sú tu.
Mnoho ľudí, ktorí tvrdili, že veria
a mysleli si, že žijú
podľa Božej vôle, sú tu
a sú mučení krutejšie než ja.

Kiež by som mohol omdlieť a aspoň na chvíľu zabudnúť na utrpenie, ale nejde to.
Nemôžem odpočívať, ani keď zatvorím oči.
Keď oči otvorím,
nič nevidím a nič nemôžem nahmatať.
Aj keď stále utekám sem a tam,
stále som na tom istom mieste.
Čo môžem robiť?
Čo mám robiť?
Prosím Ťa, uisti sa,

že nikto nebude kráčať
po mojich stopách!

Táto duša je v porovnaní s mnohými ďalšími v dolnom podsvetí pomerne dobrým človekom. On prosí Boha, aby sa ľudia dozvedeli, čo sa s ním deje. Aj v tomto extrémnom trápení sa bojí o duše, ktoré tam môžu skončiť. Tak, ako boháč prosil, aby boli jeho bratia varovaní, aby „tiež neprišli na toto miesto múk", aj táto duša prosí Boha (Lk. 16).

Avšak tí, ktorí sú hodení do tretej a štvrtej úrovne trestov v dolnom podsvetí, nemajú túto dobrotu. Búria sa proti Bohu a nemilosrdne obviňujú ostatných.

Trest faraóna

Faraón, egyptský kráľ, ktorý bojoval proti Mojžišovi, dostal druhý stupeň trestu, ale veľkosť jeho trestu hraničí s trestom tretej úrovne.

Akého zla sa faraón dopustil počas pozemského života, že si zaslúžil tento druh trestu? Prečo bol hodený do dolného podsvetia?

Keď boli Izraeliti utláčaní ako otroci, Boh vyzval Mojžiša, aby vyviedol Jeho ľud z Egypta a doviedol ho do zasľúbenej Kananejskej zeme. Mojžiš šiel k faraónovi a povedal mu, aby prepustil Izraelitov z Egypta. Ale kvôli hodnote nútenej práce Izraelitov ich faraón odmietol prepustiť.

Tresty ľudí, ktorí zomreli po trinástom roku života

Skrze Mojžiša Boh zoslal desať rán na faraóna, jeho úradníkov a ľud. Voda v Níle sa premenila na krv. Žaby, komáre a muchy pokryli jeho krajinu. Dobytok faraóna a jeho ľudu trpel morom a oni trpeli morovými vredami, krupobitím, kobylkami a tmou. Zakaždým, keď trpeli epidémiou, faraón sľúbil Mojžišovi, že Izraelitov z Egypta prepustí, len aby predišiel ďalším ranám. Ale faraón porušil svoje sľuby a opakovane si zatvrdil srdce, zakaždým, keď sa Mojžiš modlil k Bohu a On z krajiny odstránil smrtiace rany. Faraón nakoniec nechal Izraelitov odísť až potom, ako každý prvorodený syn v Egypte, od nasledovníka trónu po syna otroka, ako aj všetko prvorodené z dobytka, bolo zabité.

Ale čoskoro po poslednej epidémii faraón opäť zmenil názor. On a jeho armáda začali prenasledovať Izraelitov, ktorí táborili pri Červenom mori. Izraeliti boli vydesení a volali k Bohu. Mojžiš zdvihol palicu a natiahol ruku cez Červené more. Potom sa stal zázrak. Červené more sa Božou mocou rozdelilo na dve polovice. Izraeliti prešli Červeným morom po suchu a Egypťania ich nasledovali cez more. Mojžiš opäť vystrel ruku nad more a more sa vrátilo na svoje pôvodné miesto, *„Vody sa vrátili späť a zavalili vozy, záprahy a všetky faraónove vojská, ktoré sa za nimi pustili do mora. Nezostal z nich ani len jeden"* (Ex. 14:28).

V Biblii mnoho dobromyseľných pohanských kráľov verilo v Boha a uctievali Ho. Ale faraón mal zatvrdnutú myseľ, aj keď bol desaťkrát svedkom Božej moci. V dôsledku toho sa faraón dostal do vážnych katastrof, akým boli smrť následníka trónu, zničenie jeho armády a bieda jeho národa.

V súčasnej dobe ľudia počujú všemohúceho Boha a sú

Peklo

priamymi svedkami Jeho moci. Avšak zatvrdzujú si srdcia ako faraón. Neprijímajú Ježiša za svojho Spasiteľa. Odmietajú sa kajať zo svojich hriechov. Čo sa s nimi stane, ak budú aj naďalej žiť tak, ako doteraz? Nakoniec v dolnom podsvetí dostanú rovnaký trest ako faraón.

Čo sa deje s faraónom v dolnom podsvetí?

Faraón hodený do odpadovej vody

Faraón bol hodený do zapáchajúcej nádrže s odpadovou vodou. Jeho telo je pripevnené k nádrži, aby sa nemohol pohybovať. Nie je tam sám, sú tam aj iné duše, ktoré spáchali podobný stupeň hriechov.

Skutočnosť, že bol kráľom, mu nezabezpečuje lepšie zaobchádzanie v dolnom podsvetí. Naopak, pretože bol v pozícii moci, bol arogantný, iní mu slúžili a žil bohatý život, poslovia pekla ho zosmiešňujú a mučia ešte prísnejšie.

Nádrž, v ktorej je faraón, nie je len naplnená odpadovou vodou. Už ste niekedy videli hnijúce a znečistené vodné toky alebo kanalizácie? Čo tak prístavy, kde kotvia lode? Takéto miesta sú plné benzínu, odpadkov a zápachu. Zdá sa nemožné, aby v takom prostredí existoval nejaký život. Ak do toho ponoríte ruky, máte strach, že sa vaša pokožka kontaminuje nechutným obsahom vody.

Faraón sa ocitá v tomto väzení. Okrem toho je táto nádrž naplnená mnohým hrôzostrašným hmyzom. Podobá sa na húsenice, ale je oveľa väčší.

Hmyz ohrýza mäkké časti tela

Tento hmyz sa blíži k dušiam uväzneným v nádrži a ako prvé začne ohrýzať mäkšie častí ich tiel. Vyhrýza im oči a cez očné jamky sa hmyz dostane do lebky, kde začne ohrýzať samotný mozog. Viete si predstaviť, aké je to bolestivé? Nakoniec ohryzú všetko od hlavy po päty. K čomu môžeme prirovnať toto utrpenie? Aké je to bolestivé, keď sa do očí dostane prach? O koľko bolestivejšie bude, keď vám bude hmyz vyhrýzať oči? Myslíte si, že dokážete vydržať bolesť, keď sa bude tento hmyz prehrýzávať celým vaším telom? Predpokladajme, že pod necht sa vám dostala ihla alebo vám prepichne končeky prstov. Tento hmyz pokračuje v olupovaní pokožky a pomaly sa prehrýzáva cez svaly, až kým nie sú odkryté kosti. Ruka ich nezastaví. Rýchlo sa presunú na paže a ramená a potom dole k hrudníku, bruchu, nohám a zadku. Uväznené duše trpia mučením a sprevádzajúcou bolesťou.

Hmyz opakovane ohrýza vnútorné orgány

Väčšina žien má pri pohľade na húsenice strach, nieto sa ich chcieť dotknúť. Predstavte si oveľa hrôzostrašnejší hmyz, oveľa väčších rozmerov ako húsenice, bodajúci odsúdené duše. Hmyz im najprv prepichne telá cez brucho. Ďalej začne žrať mäso z ich vnútorností. Hmyz im potom z mozgov vysaje tekutinu. Po celú dobu sa odsúdená duša nemôže brániť, pohybovať alebo utiecť od tohoto hrozného hmyzu.

Peklo

Hmyz naďalej kúsok po kúsku ohrýza ich telo a duša sa len pozerá, ako sú časti jej tela ďalej ohrýzané. Ak by sme museli podstúpiť takéto mučenie len na desať minút, zbláznili by sme sa. Jedným z takýchto odsúdených duší na tomto úbohom mieste je faraón, ktorý bojoval proti Bohu a Jeho služobníkovi Mojžišovi. Pri plnom vedomí trpí touto trýznivou bolesťou, naživo vidiac a cítiac, ako sú časti jeho tela ohlodávané a odtrhávané.

Skončí sa mučenie, keď hmyz ohlodá telo duše? Nie. O chvíľu na to sa odtrhnuté a ohlodané časti tela plne obnovia a hmyz sa vráti späť k duši, aby jej opäť ohryzával rôzne časti tela. Nikdy sa to nezastaví ani neskončí. Bolesť sa nezmenšuje a nedá sa ňu zvyknúť, preto sa stávajú otupení – voči mučeniu.

To je to, ako funguje duchovný svet. Ak Božie deti jedia v nebi zo stromu ovocie, ovocie je obnovené. V dolnom podsvetí je tiež bez ohľadu na to, koľkokrát a ako veľmi tento hmyz ohryzáva časti vášho tela, každá časť tela obnovená ihneď po tom, ako bola odtrhnutá a zničená.

Aj keď človek viedol čestný a dobrý život

Medzi poctivými ľuďmi sú takí, ktorí nechcú alebo sa rozhodnú neprijať Ježiša a evanjelium. Navonok sa zdajú byť dobrí a ušľachtilí, ale podľa pravdy nie sú dobrí ani ušľachtilí.

Gal. 2:16 nám pripomína: *„A vieme, že človek nie je ospravedlnený zo skutkov podľa zákona, ale iba skrze vieru v Ježiša Krista. Aj my sme uverili v Krista Ježiša, aby sme boli ospravedlnení z viery v Krista, a nie zo skutkov podľa zákona, lebo zo skutkov podľa zákona nebude ospravedlnený nijaký* *človek.*" Spravodlivý človek je ten, ktorý môže byť kvôli menu Ježiš Kristus spasený. Až potom môžu byť všetky jeho hriechy odpustené skrze jeho vieru v Ježiša Krista. Navyše, ak verí v Ježiša Krista, určite bude počúvať Božie Slovo.

Ak niekto aj napriek hojným dôkazom Božieho stvorenia vesmíru a Jeho zázrakov a moci preukázaných prostredníctvom Jeho služobníkov, stále popiera existenciu všemohúceho Boha, nie je nič viac ako zlý človek so zatvrdnutým svedomím. Z jeho pohľadu možno žil čestný život. Avšak, keď neustále popiera Ježiša ako svojho osobného Spasiteľa, okrem pekla nemá kam ísť. Ale pretože tieto osoby viedli pomerne dobrý a čestný život v porovnaní so zlými ľuďmi, ktorí páchali hriechy, koľko sa im chcelo, nasledujúc vlastné hriešne túžby, dostanú buď prvú, alebo druhú úroveň trestov v dolnom podsvetí.

Ak zomrú tí, ktorí nemali možnosť prijať evanjelium, a ak sa im nepodarí prejsť rozsudkom svedomia, väčšina z nich dostane prvú alebo druhú úroveň trestu. A môžete si predstaviť o koľko je duša, ktorá dostane tretí alebo štvrtý stupeň trestu v dolnom podsvetí, horšia a skazenejšia než mnoho iných duší.

Tretia úroveň trestu

Tretia a štvrtá úroveň trestov sú vyhradené pre všetkých ľudí, ktorí sa obrátili proti Bohu, majú spálené svedomie, ohovárali a rúhali sa proti Duchu Svätému a zasahovali do budovania a rozširovania Božieho kráľovstva. Navyše, každý, kto Božiu cirkev vyhlasuje za „kacírsku" bez hmatateľných dôkazov, bude

Peklo

odsúdený na tretiu alebo štvrtú úroveň trestu.

Pred ponorením sa do tretej úrovne trestu v dolnom podsvetí, stručne preskúmame rôzne formy mučenia, ktoré vymyslel človek.

Kruté mučenie vymyslené človekom

V dobe, kedy ľudské práva boli skôr fantáziou než každodennou záležitosťou, bolo vymyslených a vykonávaných množstvo druhov telesných trestov, vrátane rôznych foriem mučenia a popráv.

Napríklad, v stredovekej Európe dozorcovia vzali väzňov do suterénu budovy za účelom získania priznania. Cestou väzeň videl krvavé škvrny na podlahe a v miestnosti videl rôzne druhy používaných nástrojov pripravených na mučenie. Celou budovou sa ozýval neznesiteľný vreskot.

Jedným z najčastejších spôsobov mučenia bolo vloženie prstov väzňa (alebo kohokoľvek, kto mal byť mučený) na rukách a nohách do malých kovových rámov. Kovové rámy boli priťahované dovtedy, až kým jeho prsty na rukách a nohách neboli rozdrvené. Potom boli jeho nechty jeden po druhom strhávané, zatiaľ čo bol kovový rám kúsok po kúsku uťahovaný.

Ak sa väzeň ani po tomto nepriznal, bol potom zavesený do vzduchu s rukami ohnutými dozadu a telom skrúteným do všetkých smerov. Toto mučenie bolo pritvrdené ďalšou bolesťou, a tou bolo zdvihnutie tela do vzduchu a hádzanie na zem rôznou rýchlosťou. V najhoršom prípade bol k členku odsúdeného priviazaný ťažký kus železa, zatiaľ čo on stále visel vo vzduchu. Hmotnosť železa stačila na roztrhanie všetkých svalov a kostí v tele. Ak sa väzeň ani potom nepriznal, boli použité oveľa krutejšie a neznesiteľnejšie metódy mučenia.

Väzeň bol usadený do kresla určeného na mučenie. Na sedadle a na zadných nohách stoličky boli nahusto umiestnené malé vrtáky. Keď väzeň videl tento desivý objekt, pokúsil sa utiecť, ale dozorcovia boli oveľa väčší a silnejší ako on a prinútili ho sadnúť si. Väzeň ihneď cítil, ako mu vrtáky prenikajú do tela.

Ďalším druhom mučenia bolo zavesenie väzňa alebo podozrivého hore nohami. Po hodine sa jeho krvný tlak zvýšil na maximum, cievy v mozgu praskli a cez oči, nos a uši mu z mozgu vytryskla krv. Už nemohol vidieť, cítiť alebo počuť.

Niekedy bol na vynútenie priznania používaný oheň. Úradník sa k podozrivému priblížil s horiacou sviečkou. Sviečku priblížil k podpazušiu alebo k chodidlám podozrivého. Podpazušie bolo pálené, pretože je jedným z najcitlivejších častí ľudského tela a chodidlá preto, lebo bolesť tam trvá dlhšie.

Inokedy bol podozrivý nútený mať na bosých nohách obuté horúce železné čižmy. Potom mu mučiteľ odtrhol kus mäkkého mäsa. Inokedy mučiteľ väzňovi odrezal jazyk alebo mu spálil chuťové bunky horúcimi železnými kliešťami. Ak bol väzeň odsúdený na trest smrti, bol hodený do okrúhleho rámu, ktorý bol navrhnutý tak, aby na kusy rozlámal telo. Rýchle otáčky roztrhali telo na kúsky, zatiaľ čo väzeň bol ešte stále nažive a pri vedomí. V niektorých prípadoch bol odsúdený usmrtený naliatím roztaveného olova do jeho nozdier a uší.

S vedomím, že by neboli schopní zniesť bolesť z mučenia, mnoho väzňov často podplácalo mučiteľov a väzenskú stráž za

Peklo

rýchlu a bezbolestnú smrť.
To sú niektoré z metód mučenia, ktoré vymyslel človek. Samotná predstava úplne stačí na to, aby sme mali strach už len z mentálneho obrazu. Už si môžete predstaviť, že mučenie vykonávané poslami pekla, ktorí sú pod prísnym vedením Lucifera, je oveľa krutejšie, než akékoľvek iné formy mučenia, ktoré kedy človek vymyslel. Títo poslovia pekla nemajú žiadny súcit a sú len radi, keď počujú výkriky a hrozný plač duší v dolnom podsvetí. Neustále sa snažia vymyslieť, čo najkrutejšie a najbolestivejšie techniky mučenia týchto duší.

Môžete si dovoliť ísť do pekla? Môžete si dovoliť vidieť svojich blízkych, rodinu a priateľov v pekle? Všetci kresťania si musia uvedomiť svoju povinnosť šíriť a kázať evanjelium a robiť všetko preto, aby pred pádom do pekla zachránili čo i len jednu ďalšiu dušu.

Čo je teda presne tretia úroveň trestu?

i) Strašný posol pekla s tvárou prasaťa

Jedna duša v dolnom podsvetí je priviazaná k stromu a jej telo je kúsok po kúsku krájané na malé kúsky. Môžeme to prirovnať ku krájaniu ryby s cieľom pripraviť sashimi. Posol pekla so škaredým a desivým vzhľadom pripravuje všetky potrebné nástroje na mučenie. Tieto zariadenia zahŕňajú širokú škálu nástrojov, od malej dýky až po sekeru. Potom posol pekla na kameni nabrúsi tieto nástroje. Tieto nástroje nemusia byť brúsené, pretože okraj každého nástroja v dolnom podsvetí zostáva stále rovnako ostrý. Skutočným účelom brúsenia je len viac vydesiť dušu čakajúcu na mučenie.

Rozrezávať telo počnúc končekmi prstov

Aká vystrašená a zdesená je duša, keď počuje štrngot týchto nástrojov, a keď sa k nej so strašidelným úsmevom blíži posol pekla!

„Ten nôž mi o chvíľu odreže kus tela...
Sekera mi čoskoro odsekne končatiny...
Čo mám robiť?
Ako môžem vydržať túto bolesť?"

Zadusí ich samotná hrôza. Duša si neustále pripomína, že je pevne priviazaná ku kmeňu stromu, nemôže sa pohybovať, a má pocit, že lano jej prerezáva telo. Čím viac sa snaží od stromu vyslobodiť, tým viac sa lano upevní okolo jej tela. Posol pekla sa k nej priblíži a začne jej počnúc prstami krájať telo. Na zem padá kúsok tela pokrytého krvou. Nechty na prstoch sú strhávané a o chvíľu budú odrezané aj prsty. Posol jej odreže prsty, zápästie a rameno. Všetko, čo na paži zostane, sú kosti. Potom sa posol presunie dole k lýtkam a vnútornej strane stehien.

Až kým nie sú odhalené vnútorné orgány

Posol pekla začne rezať brucho duše. Keď sú odhalené vnútornosti, vyberie tie orgány a odhodí ich. Svojimi ostrými

Peklo

nástrojmi vyrezáva ďalšie orgány.

Až do tohto okamihu bola duša naživo a sledovala celý proces: odrezávanie častí tela a vyhadzovanie čriev. Predstavte si, že vás niekto priviazal a kúsok po kúsku, každý kúsok o veľkosti nechtu, odrezáva časti vášho tela počnúc zadnou stranou rúk. Keď sa vás dotkne nôž, okamžite začne tiecť krv a začne utrpenie a žiadne slová nemôžu dostatočne vyjadriť váš strach. Ak budete odsúdení na tretiu úroveň trestu v dolnom podsvetí, nie je to len rozrezávanie vášho tela, ale aj pokožky celého tela, od hlavy až po päty, a vyťahovanie všetkých vašich čriev.

Opäť si predstavte sashimi, japonský pokrm zo surových rýb. Kuchár len oddelil kosti a kožu. A mäso ryby nakrájal na čo najtenšie kúsky. Pokrm je usporiadaný v tvare živej ryby. Ryba sa zdá byť stále naživo a vy môžete vidieť, ako sa žiabre ešte hýbu. Kuchár v reštaurácii nemá s rybou súcit, pretože keby mal, nemohol by vykonávať svoju prácu.

Prosím vás, modlite sa za svojich rodičov, manželov, manželky, príbuzných a priateľov. Ak nebudú spasení a skončia v pekle, budú trpieť v dôsledku mučenia odrezaním ich kože a rozdrvením ich kostí nemilosrdnými poslami pekla. Je našou kresťanskou povinnosťou šíriť dobrú zvesť, pretože v deň posledného súdu budeme pred Bohom zodpovedný za každého, koho sme nedokázali vziať so sebou do neba.

Vypichnúť duši oko

Tentokrát posol pekla vezme do ruky namiesto noža vrták. Duša už vie, čo sa s ňou stane, pretože to nie je prvýkrát, čo takto bude trpieť; týmto spôsobom už bola mučená sto či tisíckrát odo dňa, kedy bola hodená do dolného podsvetia. Posol pekla sa priblíži k duši, do oka jej hlboko vpichne vrták a nechá ho na chvíľu v očnej jamke. Aká vydesená bude duša, keď vidí približujúci sa vrták? Utrpenie spôsobené vpichnutím vrtáka do oka sa slovami nedá popísať. Je to koniec mučenia? Nie. Zostáva ešte tvár duše. Posol pekla teraz odreže líca, nos, čelo a zvyšok tváre. Nezabudne odrezať kožu z uší, pier a krku duše. Krk je kúsok po kúsku orezávaný a stáva sa tak tenším a tenším, až kým sa nezlomí. Toto uzatvára jednu sériu mučenia. Ale tento koniec znamená začiatok novej série mučenia.

Človek nemôže ani kričať, ani plakať

O chvíľu sú časti tela, ktoré boli odrezané, obnovené, ako keby sa s nimi nič nestalo. Kým sa telo regeneruje, je tu krátky okamih, počas ktorého bolesť a utrpenie na chvíľu prestanú. Ale táto prestávka len pripomína duši, že na ňu čaká viac mučenia a čoskoro sa začne triasť nekontrolovateľným strachom. Zatiaľ čo čaká na mučenie, znova počuje zvuk ostrenia nástrojov. Z času na čas sa odporný posol pekla s tvárou prasaťa pozrie na dušu so strašidelným úškrnom. Posol je pripravený na nové kolo mučenia. Znova sa začne bolestivé utrpenie. Myslíte si, že to vydržíte? Žiadne časti vášho tela sa nikdy nestanú odolnými voči nástrojom mučenia alebo neustálej bolesti. Čím viac ste mučení, tým viac trpíte.

Podozrivý vo väzbe alebo väzeň, ktorý bude čoskoro mučený,

Peklo

vie, že to, čo ho čaká, bude trvať len krátku chvíľu, ale aj tak sa trasie v drvivom strachu. Predpokladajme teda, že sa k vám blíži škaredý posol pekla s tvárou prasaťa s rôznymi nástrojmi v rukách, ktorými navzájom o seba škrípe. Mučenie sa bude opakovať donekonečna: odrezávanie častí tela, vytrhávanie vnútorných orgánov, prepichovanie očí a mnoho ďalších.

Preto duša v dolnom podsvetí nemôže kričať ani prosiť posla pekla o život, milosrdenstvo, menej krutosti alebo o čokoľvek iné. Dušu obklopuje vreskot iných duší, volanie o milosť a škrípanie nástrojov mučenia. Akonáhle duša uvidí posla pekla, bez reptania iba zbledne. Duša už vie, že sa nemôže vyslobodiť z tohto utrpenia, až kým nebude na konci vekov po rozsudku veľkého bieleho trónu uvrhnutá do ohnivého jazera (Zjv. 20:11). Táto hrozná skutočnosť len pridáva k už existujúcej bolesti.

ii) Trest nafúknutia tela ako balón

Každý, kto má čo i len trochu svedomia, sa musí cítiť previnilo, keď zraní city niekoho iného. Alebo bez ohľadu na to, ako veľmi človek v minulosti niekoho nenávidel, ak sa jeho život teraz ocitá v biede, aspoň na chvíľu vzrastie zmysel pre súcit, zatiaľ čo sa pocit nenávisti zmenší.

Ale ak svedomie človeka bolo spálené ako horúcim železom, človek je úplne apatický k utrpeniu druhých a za účelom dosiahnutia vlastných cieľov môže vykonať aj tie najohavnejšie krutosti.

Ľudia považovaní za odpad

Počas druhej svetovej vojny v Nemecku za nacistickej diktatúry, v Japonsku, v Taliansku a v ďalších krajinách, bolo nespočetné množstvo ľudí použitých na ohavné, tajné pokusy. Títo ľudia v podstate nahradili potkany, králiky a ďalšie bežne používané zvieratá.

Napríklad, aby zistili, ako reaguje zdravý jedinec na pôsobenie rôznych škodlivých látok a ako dlho to vydrží, a aké príznaky sprevádzajú rôzne choroby, boli im transplantované nádorové bunky a rôzne ďalšie vírusy. Aby získali čo najpresnejšie informácie, často museli rozrezať žalúdok alebo lebku živého človeka. Ak chceli zistiť, ako reaguje priemerný človek na chlad alebo teplo, rapídne znížili teplotu v miestnosti alebo rapídne zvýšili teplotu vody kontajnera, v ktorom bol človek uväznený.

Potom, čo tieto „subjekty" poslúžili účelu, boli títo ľudia často ponechaní zomrieť v agónii. Vôbec nemysleli na drahocennosť alebo úzkosť týchto ľudí.

Aké kruté a strašné to muselo byť pre mnohých vojnových zajatcov alebo iných bezmocných ľudí, ktorí sa stali týmito subjektami, pozorovali rozrezávanie ich tela na kúsky, proti vôli mali do tiel vstreknuté rôzne smrtiace bunky a látky a doslova sa dívali na vlastnú smrť?

Ale duše v dolnom podsvetí čelia ešte krutejším metódam trestov než boli akékoľvek pokusy na tele živého človeka. Ako muži a ženy, ktorí boli stvorení na Boží obraz a podobu, ale aj ako tí, ktorí stratili svoju dôstojnosť a hodnotu, sú tieto duše v

Peklo

dolnom podsvetí považované za odpad.

Spôsob, akým neľutujeme odpadky, poslovia pekla neľutujú alebo nemajú súcit s týmito dušami. Poslovia pekla sa necítia vinní ani im ich nie je ľúto, a žiadny trest nie je nikdy dostatočný.

Kosti polámané a koža roztrhnutá

Preto poslovia pekla považujú tieto duše iba za hračky. Nafúknu telá týchto duší a navzájom si ich medzi sebou kopú.

Je ťažké si predstaviť tento pohľad: Ako môže byť dlhé a ploché telo ľudskej bytosti nafúknuté ako lopta? Čo by sa stalo s vnútornými orgánmi?

Keď sú vnútorné orgány a pľúca nafúknuté, rebrá a stavce chrániace tieto orgány sú jeden po druhom, kúsok po kúsku, zničené. To všetko sprevádza nemenná, neznesiteľná bolesť z napnutej kože.

Poslovia pekla sa hrajú s nafúknutými telami nespasených duší v dolnom podsvetí, a keď ich to začne nudiť, ostrými oštepmi prepichnú brucho duší. Spôsob, akým sa pri prasknutí nafúknutý balón roztrhá na kúsky gumy, ich krv a kusy kože sú roztrhané na všetky strany.

Ale za krátky čas sú telá duší úplne obnovené a umiestnené späť na pôvodné miesto trestu. Aké je to kruté! Kým tieto duše žili na tejto zemi, boli ostatnými milované, vychutnávali si nejaký druh sociálneho postavenia alebo sa aspoň mohli odvolávať na základné ľudské práva.

V dolnom podsvetí sa však nemôžu dožadovať žiadnych práv

a narába sa s nimi ako so štrkom na zemi, ich existencia nemá žiadnu hodnotu.

Kaz. 12:13-14 nám pripomína:

Slovo na záver všetkého, čo si počul: Boha sa boj a jeho prikázania zachovávaj, lebo to je (povinnosť) každého človeka. Boh si zavolá pred svoj súd všetky činy aj všetko, čo je skryté, či už to bolo dobré a či zlé.

A tak podľa Jeho rozsudku bola hodnota týchto duší znížená na hodnotu obyčajných hračiek, s ktorými sa hrajú poslovia pekla.

Preto si musíme byť vedomí, že ak nebudeme vykonávať povinnosť človeka, ktorou je báť sa Boha a uchovávať všetky Jeho prikázania, už nebudeme považovaní za drahé duše s Božím obrazom a podobou, ale namiesto toho budeme odsúdení na tie najkrutejšie tresty v dolnom podsvetí.

Trest Piláta Pontského

V dobe Ježišovej smrti bol Pilát Pontský rímskym guvernérom v Júdei, dnešnej Palestíne. Od prvého dňa jeho vstupu do dolného podsvetia čelí tretej úrovni trestu, ktorým je bičovanie. Aké sú konkrétne dôvody mučenia Piláta Pontského?

Peklo

Aj keď vedel o Ježišovej spravodlivosti

Vzhľadom k tomu, že Pilát bol guvernérom Júdei, na ukrižovanie Ježiša bolo potrebné jeho povolenie. Ako rímsky miestodržiteľ, Pilát mal na starosti celú Júdeu a v celom regióne mal na rôznych miestach veľa špiónov, ktorí pracovali pre neho. A tak Pilát si bol dobre vedomý mnohých zázrakov, ktoré Ježiš vykonal, Jeho posolstiev lásky, Jeho liečenia chorých, Jeho kázania o Bohu, a podobne, pretože Ježiš kázal evanjelium po celom regióne, v ktorom obaja bývali. Okrem toho, zo správ, ktoré mu priniesli jeho špióni, Pilát vedel, že Ježiš je dobrým a nevinným človekom.

Pretože Pilát vedel, že Židia sa zo žiarlivosti zúfalo snažili Ježiša zabiť, vynaložil všetko úsilie, aby Ho oslobodil. Ale keďže Pilát vedel, že ak Židom nevyhovie, bude to mať za následok veľké sociálne nepokoje v jeho provincii, odovzdal teda Ježiša, aby bol na žiadosť Židov ukrižovaný. Ak by v oblasti jeho právomoci vypukli nepokoje, zodpovednosť by padla na Piláta a určite by ohrozila jeho vlastný život.

Nakoniec Pilátovo zbabelé svedomie určilo jeho destináciu po smrti. Spôsob, akým rímski vojaci pred ukrižovaním zbičovali Ježiša na Pilátov príkaz, aj Pilát bol odsúdený na rovnaký trest: nekonečné bičovanie poslami pekla.

Pilát zbičovaný zakaždým, keď je vyslovené jeho meno

Ježiš bol takto bičovaný: bič sa skladal z kusov železa alebo kostí pripevnených na konci dlhého koženého remeňa. Pri každom švihu bič obalil Ježišovo telo a kosti a kusy železa na jeho konci prerazili Jeho telo. Pri každom švihu bolo z Jeho rán vytrhnuté telo, zanechávajúc veľké a hlboké trhliny.

A preto, keď ľudia vyslovia jeho meno na tomto svete, poslovia pekla bičujú Piláta v dolnom podsvetí. Počas každej bohoslužby, mnoho kresťanov recituje apoštolské vyznanie viery. Kedykoľvek je vyslovená časť „trpel za vlády Poncia Piláta", Pilát je bičovaný. Keď stovky a tisíce ľudí spoločne naraz vyslovia jeho meno, rýchlosť, ktorou je bičovaný a sila každého švihu sa dramaticky zvýši. Občas sa okolo Piláta zhromaždia aj ďalší poslovia pekla, aby si navzájom v bičovaní pomohli.

Hoci bolo Pilátovo telo roztrhané na kúsky a je pokryté krvou, poslovia pekla ho bičujú, ako keby navzájom súťažili. Bičovanie trhá Pilátovo telo, odhaľuje jeho kosti a vytrháva dreň.

Jeho jazyk je naveky vytrhnutý

Pilát pri mučení neustále kričí: „Prosím vás, nevyslovujte moje meno! Zakaždým, keď ho niekto vysloví, ja trpím znova a znova." Ale z jeho úst nie je počuť jediný zvuk. Jeho jazyk bol vytrhnutý, pretože rovnakým jazykom odsúdil Ježiša na ukrižovanie. Keď trpíte bolesťou, trochu pomáha, ak kričíte a vrieskate. Pilát nemá ani túto možnosť.

Jedna vec je s Pilátom iná. U ostatných odsúdených duší v dolnom podsvetí sa časti tela, ktoré boli odrezané, roztrhané alebo spálené, obnovia. Ale Pilátov jazyk je odstránený naveky ako symbol prekliatia. Aj keď Pilát neustále prosí ľudí, aby prestali

Peklo

vyslovovať jeho meno, bude sa to opakovať až do súdneho dňa. Čím viac je jeho meno opakované, tým ťažším sa stáva jeho utrpenie.

Pilát úmyselne spáchal hriech

Keď Pilát odovzdal Ježiša, aby bol ukrižovaný, vzal vodu, umyl si pred davom ruky a potom ľudu povedal: „*Ja nemám vinu na krvi tohoto človeka. To je vaša vec!*" (Mt. 27:24) Židia, ktorí teraz ešte zúfalejšie chceli Ježiša zabiť, odpovedali Pilátovi: „*Jeho krv na nás a na naše deti!*" (Mt. 27:25)

Čo sa stalo so Židmi po Ježišovom ukrižovaní? Boli vyvraždení v roku 70 n.l., keď bol Jeruzalem dobytý a zničený rímskym generálom Títom. Od tej doby boli rozptýlení po celom svete a utláčaní v cudzích krajinách. Počas druhej svetovej vojny boli násilne premiestnení do mnohých koncentračných táborov v Európe, kde bolo viac ako šesť miliónov Židov udusených v plynových komorách alebo inak brutálne zavraždených. Počas prvých piatich desaťročí modernej štátnosti od vyhlásenia nezávislosti v roku 1948, Izrael neustále čelí hrozbám, nenávisti a ozbrojeným opozíciam od susedov na Blízkom východe.

Aj keď Židia dostali odvetu za výrok „Jeho krv na nás a na naše deti!" neznamená to, že Pilátov trest bude znížený. Pilát úmyselne spáchal hriech. Mal veľa príležitostí, aby sa nedopustil hriechu, ale on to aj tak urobil. Dokonca aj jeho manželka ho potom, čo dostala pokyn v sne, vyzývala, aby Ježiša nenechal zabiť. Ignorovaním vlastného svedomia a rady jeho ženy, Pilát odsúdil Ježiš na ukrižovanie. Ako výsledok bol nútený prijať trest tretej úrovne v dolnom podsvetí. Dokonca aj dnes ľudia páchajú zločiny, aj keď vedia, že sú to zločiny. Pre vlastné výhody prezrádzajú tajomstvá niektorých ľudí. V dolnom podsvetí je trest tretej úrovne určený tým ľuďom, ktorí sa sprisahali proti ostatným, falošne svedčili, ohovárali, vytvárali frakcie alebo gangy za účelom vraždy a mučenia, boli zbabelí, zradili ostatných v časoch nebezpečenstva alebo bolesti, a podobne.

Boh bude skúmať každý skutok

Rovnako ako Pilát umytím rúk presunul krv Ježiša na ruky Židov, niektorí ľudia obviňujú ostatných ľudí v určitej situácií alebo za určitých podmienok. Avšak zodpovednosť za hriechy ľudí leží len na nich. Každý človek má slobodnú vôľu, a nielen že má právo rozhodovať sa, ale aj niesť zodpovednosť za svoje rozhodnutia. Slobodná vôľa nám umožňuje vybrať si či budeme, alebo nebudeme veriť, že Ježiš je náš osobný Spasiteľ, či budeme, alebo nebudeme Pánov deň svätiť, či by sme mali dať Bohu celý desiatok, a podobne. Avšak výsledok našej voľby sa prejaví buď večným šťastím v nebi, alebo večným trestom v pekle.

Navyše, dôsledok každého rozhodnutia, ktoré ste kedy urobili, nesiete iba vy, takže nemôžete za to obviňovať niekoho iného. To je dôvod, prečo nemôžete hovoriť veci ako: „Boha som opustil kvôli prenasledovaniu vlastnými rodičmi" alebo „Kvôli manželovi som nemohol dodržiavať Pánov deň svätý alebo dať Bohu celý desiatok." Ak by človek mal vieru, istotne by sa bál Boha a dodržiaval by všetky Jeho prikázania.

Peklo

Pilát, ktorého jazyk bol vytrhnutý kvôli jeho vlastným zbabelým slovám, ľutuje a kajá sa, zatiaľ čo je v dolnom podsvetí bičovaný. Po smrti však Pilát nedostal žiadnu druhú šancu. Avšak tí, ktorí sú ešte nažive, majú stále šancu. Nikdy by ste nemali váhať báť sa Boha a dodržiavať Jeho prikázania. Iz. 55:6-7 nám hovorí: „*Hľadajte Pána, kým sa dá nájsť, volajte ho, kým je nablízku! Nech opustí bezbožný svoju cestu, hriešny človek svoje zmýšľanie a vráti sa k Pánovi, on sa nad ním zmiluje, k svojmu Bohu, veď mnoho odpúšťa!*" Pretože Boh je láska, On nám oznamuje, čo sa deje v pekle, keď sme ešte nažive. Robí tak preto, aby prebudil mnohých ľudí z duchovného spánku a posilnil a podporil nás v šírení dobrých zvestí ešte väčšiemu množstvu ľudí, aby aj oni mohli žiť v Jeho milosti a súcite.

Trest Saula, prvého kráľa Izraela

Jer. 29:11 nám hovorí: „*Veď ja poznám zámer, ktorý mám s vami – hovorí Pán. Sú to myšlienky pokoja a nie súženia: dám vám budúcnosť a nádej.*" Slovo bolo dané Židom, keď boli v exile v Babylone. Verš prorokuje Božie odpustenie a milosrdenstvo, ktoré bude udelené Jeho ľudu v exile, kvôli hriechom proti ich Bohu.

Z rovnakého dôvodu Boh zjavuje správy o pekle. On to robí preto, aby neveriaci a hriešnici neboli prekliati, ale aby vykúpil všetkých ľudí, ktorí nesú ťažké bremeno ako otroci nepriateľa Satana a diabla, a ochránil ľudí, stvorených na Jeho obraz, pred pádom na toto nešťastné miesto.

A tak namiesto toho, aby sme sa báli ukrutných podmienok v pekle, musíme všetci pochopiť nekonečnú lásku Boha, a ak ste neveriaci, v tomto okamihu prijať Ježiša Krista za svojho osobného Spasiteľa. Ak ste doteraz nežili v súlade s Božím slovom a nevyznávali ste vieru v Boha, otočte sa a robte to, čo vám On hovorí.

Saul zostal neposlušný Bohu

Keď Saul zasadol na trón, veľmi sa pokoril. Ale čoskoro sa stal príliš arogantným na to, aby dodržiaval Božie Slovo. Dostal sa na zlé cesty, a preto bol opustený a nakoniec od neho Boh odvrátil svoju tvár. Keď hrešíte proti Bohu, musíte zmeniť svoje myslenie a bez váhania konať pokánie. Nemali by ste sa snažiť ospravedlniť sám seba alebo skrývať svoj hriech. Až potom Boh príjme vašu modlitbu pokánia a otvorí vám cestu k odpusteniu.

Keď sa Saul dozvedel, že Boh pomazal Dávida, aby ho nahradil, svojho nástupcu považoval za svojho protivníka a po zvyšok života sa ho snažil zabiť. Saul zabil dokonca aj Božích kňazov, pretože pomáhali Dávidovi (1 Sam. 22:18). Tieto skutky boli rovnaké ako konfrontovanie Boha tvárou v tvár.

Týmto spôsobom kráľ Saul zostal neposlušný a nahromadil si zlé skutky, ale Boh nezničil Saula ihneď. Aj keď bol Saul proti Dávidovi a dlhú dobu sa ho pokúšal zabiť, Boh aj naďalej nechal Saula žiť.

Toto slúžilo na dva účely. Jedným bolo to, že Boh chcel z Dávida sformovať veľkú nádobu a veľkého kráľa. Druhým účelom bolo to, že Boh dal Saulovi dostatok času a príležitostí,

Peklo

aby konal pokánie z jeho previnení.

> *Keby nás Boh zabil hneď, ako sme sa dopustili smrteľného hriechu, nikto z nás by neprežil. Boh odpúšťa, čaká a čaká, ale ak sa človek k Nemu nevráti, Boh odvráti svoju tvár.* Ale Saul nerozumel Božiemu srdcu a nasledoval telesnú túžbu. Nakoniec bol Saul lukostrelcami kriticky zranený a potom sa sám vlastným mečom zabil (1 Sam. 31:3-4).

Saulovo telo visí vo vzduchu

Aký je trest arogantného Saula? Visí vo vzduchu a ostrý oštep mu prepichuje brucho. Ostrie oštepu je husto pokryté predmetmi, ktoré sa podobajú na ostré vrtáky a čepele meča.

Už len visieť vo vzduchu je nesmierne bolestivé. A je oveľa neznesiteľnejšie visieť vo vzduchu, zatiaľ čo vám oštep prepichuje brucho a vaša váha len pridáva k bolesti. Oštep trhá prebodnuté brucho ostrými čepeľami a vrtákmi. Keď je odtrhnutá koža, sú obnažené svaly, kosti a črevá.

Keď sa k Saulovi blíži posol pekla a točí oštepom, všetky ostré čepele a vrtáky na ňom pripevnené tiež trhajú telo. Točením oštepu prasknú Saulove pľúca, srdce, žalúdok a črevá.

Krátko potom, ako je Saul podrobený tomuto hroznému mučeniu a jeho vnútornosti sú roztrhané na kúsky, všetky jeho vnútorné orgány sa plne obnovia. Akonáhle sú plne obnovené, k Saulovi pristúpi posol pekla a opakuje postup. Trpiaci Saul premýšľa o všetkých časoch a možnostiach pokánia, ktoré v tomto živote ignoroval.

    Prečo som neposlúchal Božiu vôľu?
    Prečo som proti Nemu bojoval?
    Mal som venoval pozornosť
karhaniu proroka Samuela!
    Mal som sa kajať,
keď ma môj syn Jonatán v slzách prosil!
    Len keby som nebol taký zlý k Dávidovi,
môj trest mohol byť ľahší...

Saulove výčitky alebo pokánie sú zbytočné potom, čo padol do pekla. Visieť vo vzduchu s oštepom prepichujúcim brucho je neznesiteľné, ale keď sa posol pekla blíži k Saulovi na ďalšie kolo mučenia, Saul sa od strachu trasie. Bolesť spôsobená pred okamihom je pre neho ešte stále príliš reálna a živá a on sa takmer zadusí pri pomyslení na budúce mučenie.

Saul môže prosiť: „Prosím ťa, nechaj ma na pokoji!" alebo „Prosím ťa, zastav to mučenie!", ale je to zbytočné. Čím viac sa Saul bojí, tým väčšiu radosť má posol pekla. Oštepom točí a točí a Saulovo utrpenie, spôsobené roztrhaním jeho tela na kusy, sa neustále opakuje.

Arogancia je podstatou zničenia

Nasledujúci prípad je dnes samozrejmosťou v každom kostole. Nový veriaci najprv dostane dar Ducha Svätého a je Ním naplnený. Na chvíľu bude túžiť po službe Bohu a Jeho

Peklo

služobníkom. Ale tento veriaci prestane poslúchať vôľu Boha, Jeho cirkvi a Jeho služobníkov. Ak sa to nahromadí, začne súdiť a odsudzovať ostatných ľudí Božím Slovom, ktoré počul. Je tiež veľmi pravdepodobné, že sa stane arogantným v skutkoch.

Prvá láska, ktorú zdieľal s Pánom, sa postupne postupom času zmenšila a jeho nádej – kedysi na nebo – spočíva teraz na veciach tohto sveta – veci, ktoré kedysi opustil. Aj v kostole teraz chce, aby mu ostatní ľudia slúžili, stáva sa nenásytným po peniazoch a moci a oddáva sa telesným túžbam.

Možno sa takto modlil, keď bol chudobný: „Bože, požehnaj ma materiálnym šťastím!" Čo sa stane, keď dostane požehnanie? Namiesto použitia požehnania na pomoc chudobným, misionárom a Božím dielam, teraz plytvá Božím požehnaním na nasledovanie potešenia tohto sveta.

Pre toto Duch Svätý vo veriacom lamentuje, jeho duch čelí mnohým skúškam a problémom a možno na neho čaká trest. Ak bude v páchaní hiechov pokračovať, jeho svedomie môže byť otupené. Už možno nebude schopný rozlíšiť Božiu vôľu od chamtivosti srdca, často nasledujúc práve tú.

Niekedy môže žiarliť na Božích služobníkov, ktorí sú ostatnými členmi cirkvi veľmi obdivovaní a milovaní. Môže ich falošne obviniť a zasahovať do ich služieb. Kvôli vlastným výhodám vytvára vo vnútri cirkvi frakcie, a tým ničí kostol, v ktorom prebýva Kristus.

Takáto osoba bude naďalej proti Bohu, stane sa nástrojom nepriateľa Satana a diabla, a nakoniec sa bude podobať Saulovi.

Boh pyšným odporuje, ale pokorným dáva milosť

1 Pt. 5:5 znie: *"Podobne vy, mladší, podriaďujte sa starším. Všetci sa navzájom zaodejte pokorou, lebo Boh pyšným odporuje, ale pokorným dáva milosť."* Pyšní ľudia odsudzujú hlásané posolstvo, keď si ho vypočujú. Prijímajú len to, čo je v súlade s ich vlastnými myšlienkami, ale odmietajú to, čo nie je. Väčšina ľudských myšlienok sa od tých Božích líši. Nemôžete povedať, že veríte v Boha a milujete Ho, ak prijímate iba veci, ktoré sú v súlade s vašimi myšlienkami.

1 Jn. 2:15 hovorí: *"Nemilujte svet, ani to, čo je vo svete. Ak niekto miluje svet, nie je v ňom Otcova láska."* Ak Otcova láska nie je v danom človeku, nemá s Bohom spoločenstvo. A preto, ak hovoríme, že máme s Ním spoločenstvo, ale chodíme v tme, klameme a nežijeme v pravde (1 Jn. 1:6).

Vždy by ste mali byť opatrní a neustále sa skúmať, či náhodou nie ste arogantní, či chcete, aby vám iní slúzili, namiesto toho, aby ste slúžili vy im, a či sa vám do srdca nevkradla láska k tomuto svetu.

Štvrtá úroveň trestu Judáša Iškariotského

Už vieme, že prvá, druhá a tretia úroveň trestu v dolnom podsvetí sú také ukrutné a hrozné, že si to nedokážeme predstaviť. Tiež sme preskúmali mnoho dôvodov, pre ktoré duše dostali také kruté tresty.

Teraz si priblížime najdesivejšie tresty zo všetkých v dolnom

Peklo

podsvetí. Aké sú niektoré príklady štvrtej úrovne trestov a akého zla sa tieto duše dopustili, že si ich zaslúžili?

Spáchať neodpustiteľný hriech

Biblia nám hovorí, že niektoré hriechy vám môžu byť skrze pokánie odpustené, ale sú aj iné druhy hriechov, ktoré vám nemôžu byť nikdy odpustené. Je to druh hriechov, ktoré vás vedú k smrti (Mt. 12:31-32; Hebr. 6:4-6; 1 Jn. 5:16). Ľudia, ktorí sa rúhajú Duchu Svätému, úmyselne páchajú hriech, aj keď poznajú pravdu, patria do tejto kategórie hriechov a pôjdu do najhlbšej časti dolného podsvetia.

Napríklad, často vidíme ľudí, ktorí boli vyliečení alebo ich problémy boli vyriešené skrze Božiu milosť. Na začiatku sú nadšení pracovať pre Boha a Jeho cirkev. Ale často ich vidíme pokúšaných svetom a nakoniec sa Bohu otočia chrbtom.

Znova sa oddajú potešeniu tohto sveta, ale tentokrát oveľa viac než predtým. Zneucťujú cirkev a urážajú ostatných kresťanov a Božích služobníkov. Častokrát sú práve tí, ktorí verejne vyznávali svoju vieru v Boha, prvými, ktorí odsudzujú cirkev a označujú ju a jej pastorov za „kacírskych", na základe ich vlastných názorov a dôvodov. Keď vidia kostol plný moci Ducha Svätého a Božie zázraky uskutočňujúce sa skrze Jeho služobníkov, jednoducho preto, že nie sú schopní to pochopiť, sú pripravení odsúdiť celú kongregáciu za „kacírsku" alebo diela Ducha Svätého za Satanove.

Zradili Boha a nemôžu dostať ducha pokánia. Inými slovami, títo ľudia nebudú môcť konať pokánie zo svojich hriechov.

A preto po smrti títo „kresťania" dostanú ťažšie tresty ako tí, ktorí neuverili v Ježiša Krista ako Spasiteľa a skončili v dolnom podsvetí.

2 Pt. 2:20-21 nám hovorí: *„Ak sa teda tí, čo poznaním nášho Pána a Spasiteľa Ježiša Krista unikli poškvrnám sveta, znova do nich zapletú a dajú sa premôcť, ich koniec je horší, ako bol začiatok. Bolo by pre nich lepšie, keby neboli vôbec poznali cestu spravodlivosti, ako ju poznať a odvrátiť sa od svätého prikázania, ktoré sa im zverilo."* Títo ľudia neposlúchli Božie slovo a vzbúrili sa proti Nemu, aj keď Slovo poznali, preto dostanú oveľa väčšie a ťažšie tresty ako tí, ktorí neverili.

Ľudia so spáleným svedomím

Duše odsúdené na štvrtú úroveň trestov sa nielen dopustili neodpustiteľných hriechov, ale aj ich svedomie bolo spálené. Niektorí z týchto ľudí sa stali úplnými otrokmi nepriateľa Satana a diabla, ktorý sa vzoprel Bohu a nemilosrdne bojoval proti Duchu Svätému. Je to, ako keby osobne ukrižovali Ježiša na kríži.

Ježiš, náš Spasiteľ, bol ukrižovaný, aby nám odpustil hriechy a oslobodil ľudí z prekliatia večnej smrti. Jeho vzácnou krvou vykúpil všetkých ľudí, ktorí v Neho uverili. Ale prekliatie ľudí odsúdených na štvrtú úroveň trestov ich robí nehodnými získať spasenie krvou Ježiša Krista. Preto sú odsúdení v dolnom podvetí byť ukrižovaní na ich vlastných krížoch a dostať vlastné tresty.

Judáš Iškariotský, jeden z dvanástich Ježišových učeníkov a snáď najznámejší zradca v dejinách ľudstva, je ukážkovým príkladom. Judáš na vlastné oči videl Božieho Syna v tele. Stal

Peklo

sa jedným z Ježišových učeníkov, naučil sa Slovo a bol svedkom zázračných skutkov a znamení. Ale až do konca Judáš nebol schopný zbaviť sa svojej chamtivosti a hriechu. Nakoniec bol Judáš pokúšaný Satanom a predal svojho učiteľa za 30 strieborných.

Nezáleží na tom, ako veľmi sa Judáš Iškariotský chcel kajať

Kto si myslíte, že má väčší hriech: Pilát Pontský, ktorý odsúdil Ježiša, aby bol ukrižovaný alebo Judáš Iškariotský, ktorý predal Ježiša Židom? Jasnú odpoveď poskytuje Ježišova odpoveď na jednu z Pilátových otázok:

> *„Nemal by si nado mnou nijakú moc, keby ti to nebolo dané zhora. Preto má väčší hriech ten, čo ma vydal tebe"* (Jn. 19:11).

Hriech, ktorý Judáš spáchal, je skutočne väčším hriechom, ktorý mu nemôže byť nikdy odpustený, a preto nedostal ducha pokánia. Keď si Judáš uvedomil závažnosť svojho hriechu, oľutoval ho a vrátil peniaze, ale nikdy nedostal ducha pokánia.

Nakoniec, keďže nedokázal prekonať ťažobu svojho hriechu, v trápení Judáš Iškariotský spáchal samovraždu. Sk. 1:18 nám hovoria, že Judáš: *„On nadobudol pole z odmeny za neprávosť. Spadol dolu, rozpukol sa a vyšli z neho všetky vnútornosti."* Opisuje to jeho biedny koniec.

Judáš visí na kríži

Aký druh trestu dostal Judáš v dolnom podsvetí? V najhlbšej časti dolného podsvetia vpredu visí Judáš na kríži. S Judášovým krížom ako prvým, kríže tých, ktorí sa ťažko vzopreli Bohu, stoja v rade za ním. Scéna pripomína masový hrob, cintorín po vojne alebo bitúnky plné mŕtveho dobytka.

Ukrižovanie je jedným z najkrutejších trestov aj na tomto svete. Ukrižovanie slúži ako príklad a varovanie pre všetkých zločincov a budúcich zločincov o ich možnej budúcnosti. Človek visiaci na kríži, čo je väčším utrpením ako samotná smrť, niekoľko hodín – počas ktorých sú časti tela roztrhané na kusy, hmyz ohryzáva telo a krv sa vylieva z celého tela – dychtivo túži poslednýkrát sa nadýchnuť tak rýchlo, ako je to možné.

Na tomto svete bolesť z ukrižovania trvá maximálne pol dňa. Avšak v dolnom podsvetí, kde sa mučenie nekončí a neexistuje žiadna smrť, tragédia trestu ukrižovania pokračuje až do súdneho dňa.

Navyše Judáš má na hlave korunu vyrobenú z tŕnia, ktoré neustále rastie a trhá jeho kožu, prepichuje mu lebku a mozog. Okrem toho má pod nohami niečo, čo sa podobá na zvíjajúce sa zvieratá. Pohľad z blízka ukáže, že sú to ďalšie duše, ktoré padli do dolného podsvetia, a dokonca aj tie mučia Judáša. Na tomto svete sa tiež vzopreli Bohu a páchali zlo, pretože ich svedomie bolo spálené. Aj oni dostávajú tvrdé tresty a mučenie, a čím prísnejšie mučenie dostávajú, tým násilnejšími sa stávajú. A preto, ako keby chceli uvoľniť svoj hnev a zmenšiť utrpenie, oštepmi prebodávajú Judáša.

Peklo

Potom sa poslovia pekla vysmievajú z Judáša, hovoriac: „To je ten, čo predal Mesiáša! On pre nás urobil dobré veci! Tak mu treba! Aké je to smiešne!"

Veľké duševné muky za to, že predal Božieho Syna

V dolnom podsvetí musí Judáš Iškariotský vydržať nielen fyzické mučenie, ale aj neúnosné množstvo duševného mučenia. Navždy si bude pamätať, že bol prekliaty za to, že predal Božieho Syna. Navyše, pretože sa meno „Judáš Iškariotský" stalo synonymom zrady aj na tomto svete, jeho duševné muky sa zväčšujú.

Ježiš vopred vedel, že ho Judáš zradí a čo sa s Judášom stane po smrti. To je dôvod, prečo sa Ježiš slovami snažil získať Judáša späť, ale tiež vedel, že Judáš sa nedá zachrániť. V Mk. 14:21 Ježiš narieka: „*Syn človeka síce ide, ako je o ňom napísané, ale beda človekovi, ktorý zrádza Syna človeka! Pre toho človeka by bolo lepšie, keby sa nebol narodil.*"

Inými slovami, ak človek dostane prvú úroveň trestu, ktorá je najľahším trestom, bolo by pre neho lepšie, ak by sa vôbec nenarodil, pretože bolesť je veľmi veľká a hrozná. A čo Judáš? On dostal najťažšie tresty!

Aby sme nepadli do pekla

Kto sa teda bojí Boha a dodržiava Jeho prikázania? To je ten, kto vždy dodržiava Pánov deň svätý a dáva Bohu celý desiatok – dva základné prvky života v Kristovi.

Dodržiavať Pánov deň svätý symbolizuje vaše uznanie Božej zvrchovanosti v duchovnom svete. Dodržiavať Pánov deň svätý slúži ako znamenie, ktoré vás uznáva a odlišuje ako jedno z Božích detí. Ak Pánov deň nesvätíte, nezáleží na tom, ako veľmi vyznávate vieru v Boha Otca, neexistuje žiadne duchovné overenie, či ste jedným z Božích detí. V takom prípade nemáte inú možnosť, ako ísť do pekla.

Dať celý desiatok Bohu znamená, že uznávate Božiu zvrchovanosti nad majetkom. To tiež znamená, že si uvedomujete a chápete, že Boh je jediným vlastníkom celého vesmíru. Podľa Mal. 3:9 boli Izraeliti prekliati za „okrádanie [Boha]." On stvoril celý vesmír a dal vám život. On nám k životu dáva slnečné žiarenie a množstvo zrážok, energiu pracovať a ochranu starať sa o dennú prácu. Boh vlastní všetko, čo máte. A preto, aj keď všetky naše príjmy patria Bohu, On od nás žiada len desatinu z toho, čo zarobíme a zvyšok je náš. Pán zástupov hovorí v Mal. 3:10: *„Prineste celý desiatok do zásobárne, aby bol pokrm v mojom dome a týmto ma vyskúšajte – hovorí Pán zástupov, či vám neotvorím okná neba a nevylejem na vás požehnania viac ako dosť."* Pokiaľ Mu budeme verní v desiatku, Boh podľa Jeho sľubu otvorí okná neba a vyleje toľko požehnania, že nebudeme mať naň dostatok miesta. Ale ak Bohu nedávate desiatok, znamená to, že neveríte Jeho sľubu o požehnaniach, chýba vám viera, aby ste boli spasení, a pretože ste okradli Boha, musíte ísť do pekla.

Preto vždy musíme dodržiavať Pánov deň svätý, dávať celý desiatok Tomu, komu patrí všetko a dodržiavať Jeho prikázania, ktoré sú napísané vo všetkých šesťdesiatich šiestich knihách Biblie. Modlím sa, aby nikto z čitateľov tejto knihy neskončil v

Peklo

pekle.

V tejto kapitole sme sa pozreli na rôzne druhy trestov – rozdelených do štyroch úrovní – ktoré čakajú na odsúdené duše uväznené v dolnom podsvetí. To miesto je veľmi kruté, desivé a úbohé!

2 Pt. 2:9-10 nám hovorí: *„Pán však vie vytrhnúť nábožných zo skúšky a nespravodlivých ponechať na deň súdu na potrestanie; a to predovšetkým tých, ktorí sa ženú za nečistými žiadosťami tela a pohŕdajú Pánom. Bezočiví opovážlivci, neboja sa rúhať duchovným bytostiam."*

Zlí ľudia, ktorí sa dopúšťajú hriechov, konajú zlo a narúšajú alebo prerušujú diela kostola, neboja sa Boha. Takí ľudia, ktorí sa nehanebne vzoprú Bohu, nemôžu a nesmú požadovať ani očakávať Božiu pomoc v časoch utrpenia a skúšok. Až do rozsudku veľkého bieleho trónu budú uväznení v hlbinách dolného podsvetia a dostanú tresty podľa druhu a veľkosti ich zlých skutkov.

Tí, ktorí vedú dobrý, spravodlivý a oddaný život, sú vždy s vierou poslušní Bohu. A tak, aj keď zloba človeka naplnila zem a Boh musel otvoriť hrádzu nebies, vidíme, že iba Noe a jeho rodina boli zachránení (Gn. 6-8).

Tak, ako sa Noe bál Boha a počúval Jeho prikázania, a tým sa vyhol rozsudku a dosiahol spásu, aj my sa musíme stať poslušnými synmi Boha vo všetkom, čo robíme, aby sme sa stali pravými Božími deťmi a splnili Jeho prozreteľnosť.

Kapitola 6

Tresty za rúhanie sa Duchu Svätému

Utrpenie v kotli s vriacou tekutinou
Lezenie po kolmom útese
Spálenie úst horúcim železom
Obrovské mučiace zariadenia
Priviazanie ku kmeňu stromu

*„Každému,
kto povie slovo proti Synovi človeka,
bude odpustené. Tomu však,
kto sa bude rúhať Duchu Svätému, sa neodpustí."*
- Lk. 12:10 -

*„Veď s tými, čo už raz boli osvietení a okúsili nebeský dar,
a s tými, čo majú účasť na Duchu Svätom a okúsili dobré
Božie slovo i moc budúceho veku a potom odpadli,
nie je možné znova začínať a viesť ich k pokániu, pretože
nanovo križujú Božieho Syna a vystavujú ho posmechu."*
- Hebr. 6:4-6 -

Tresty za rúhanie sa Duchu Svätému

V Mt. 12:31-32 nám Ježiš hovorí: *"Preto vám hovorím: Ľuďom sa odpustí každý hriech i rúhanie, ale rúhanie proti Duchu sa neodpustí. Ak niekto povie niečo proti Synovi človeka, odpustí sa mu to. Kto by však povedal niečo proti Duchu Svätému, tomu sa neodpustí ani v tomto veku ani v budúcom."* Ježiš vyslovil tieto slová pre Židov, ktorí mu vyčítali kázanie evanjelia a vykonávanie diel Božej moci a tvrdili, že je pod vplyvom zlého ducha, alebo že zázraky vykonával mocou nepriateľa Satana a diabla.

Aj dnes mnoho ľudí, ktorí vyznávajú vieru v Krista, odsudzujú kostoly, ktoré sú plné úžasných diel a zázrakov Ducha Svätého a označujú ich za „kacírske" alebo „diela diabla", len preto, lebo nie sú schopní ich pochopiť alebo prijať. Ale ako inak môže byť Božie kráľovstvo zväčšené a evanjelium rozšírené do celého sveta bez moci a autority, ktorá prichádza od Boha, t.j. diela Ducha Svätého?

Oponovať dielam Ducha Svätého sa nijako nelíši od oponovania samotnému Bohu. Boh za svoje deti neprijíma tých, ktorí sú proti dielam Ducha Svätého bez ohľadu na to, ako veľmi považujú samých seba za „kresťanov."

Preto majte na pamäti, že ak aj potom, čo človek videl a zažil Boha prebývajúceho s Jeho služobníkmi a úžasné a zázračné znamenia a udalosti, ešte stále odsudzuje Božích služobníkov a Jeho cirkev za „kacírskych", vážne bráni a rúha sa Duchu Svätému, jediným miestom pre neho sú hlbiny pekla.

Ak cirkev, pastor alebo akýkoľvek iný Boží služobník skutočne uznáva trojjediného Boha, verí, že Biblia je Božím Slovom a naučí

Peklo

sa ju, je si vedomý života buď v nebi, alebo v pekle a rozsudku, verí, že Boh má zvrchovanosť nad všetkým, a že Ježiš je náš Spasiteľ a aj to hlása, nikto by nemal alebo mohol odsúdiť a označiť cirkev, pastora a Božích služobníkov za „kacírskych."

V roku 1982 som založil Manminskú cirkev a viedol som nespočetné množstvo duší na cestu spásy skrze diela Ducha Svätého. Napodiv, medzi ľuďmi, ktorí sami osobne zažili diela živého Boha, boli aj takí, ktorí skutočne konfrontovali Boha tým, že aktívne bránili cieľom a prácam kongregácie a šírili fámy a klamstvá o mne a o cirkvi.

Zatiaľ čo som vysvetľoval biedu a utrpenie pekla do hĺbky, Boh mi zjavil tresty, ktoré čakajú v dolnom podsvetí tých, ktorí bránili, nepočúvali a rúhali sa Duchu Svätému. Aké druhy trestov sú pre nich pripravené?

Utrpenie v kotli s vriacou tekutinou

Ľutujem a preklínam manželský sľub,
ktorý sme si s manželom dali.
Prečo som na tomto úbohom mieste?
On ma oklamal a kvôli nemu som tu!

To je bedákanie manželky, ktorá trpí štvrťou úrovňou trestu v dolnom podsvetí. Dôvodom jej bolestného stonania, ktoré sa ozýva naprieč celým tmavým a popolom pokrytým miestom, je to, že jej manžel ju oklamal, aby sa spolu s ním postavila proti Bohu. Manželka bola zlá, ale jej srdce sa do istej miery bálo Boha. A tak žena sama nemohla brániť Duchu Svätému a vzoprieť sa Bohu. Ale v dôsledku nasledovania telesných túžob sa jej svedomie spojilo so zlým svedomím jej manžela a pár veľmi bojoval proti Bohu a Jeho dielam.

Pár, ktorý konal zlo spoločne, je teraz potrestaný spoločne ako pár v dolnom podsvetí a bude trpieť za všetky svoje zlé skutky. Aké sú ich tresty v dolnom podsvetí?

Manželia sú mučení jeden po druhom

Kotol je naplnený hrozným zápachom a odsúdené duše sú jedna po druhej rýchlo ponorené do vriacej tekutiny. Keď posol pekla vloží každú dušu do kotla, teplota tekutiny im spôsobuje pľuzgiere po celom tele – podobajúc sa teraz na chrbát ropuchy – a tiež im vyskočia očné buľvy.

Kedykoľvek sa zúfalo snažia vyhnúť utrpeniu a vystrčiť hlavu z kotla, obrovská noha im šliapne na hlavu a ponorí ich. Na chodidlách týchto obrovských nôh poslov pekla sú nahusto pripevnené malé, železné alebo mosadzné ihlice. Keď tieto nohy šliapnu na hlavy duší, tie sú prinútené vrátiť sa späť do kotla s veľkými škrabancami a modrinami.

Po chvíli však duše opäť vystrčia hlavu, pretože nemôžu vydržať to pálenie. Hneď potom, ako už mnohokrát predtým, sú zašliapnuté a vtlačené späť do kotla. Okrem toho, pretože sa duše striedajú v tomto utrpení, ak je vo vnútri kotla manžel, manželka sa musí pozerať na jeho bolesť, a naopak.

Tento kotol je priehľadný, takže vnútro kotla je zvonku viditeľné. Spočiatku, keď manžel alebo manželka vidí jeho / jej

Peklo

milovaného mučeného a trýzneného takým hrozným spôsobom, v dôsledku vzájomnej náklonnosti volajú o milosť pre toho druhého:

Moja žena je tam!
Prosím ťa, vytiahni ju!
Prosím ťa, prestaň s tou hrôzou.
Nie, nie, nešliap na ňu.
Vytiahni ju, prosím ťa!

Po nejakej dobe, však, manželovo prosenie prestane. Po niekoľkonásobnom mučení si uvedomil, že zatiaľ čo jeho manželka trpí, on si môže oddýchnuť, a keď ona vyjde z kotla, je rad na ňom.

Navzájom sa obviňovať a preklínať

Manželské páry tohto sveta nebudú pármi v nebi. Avšak táto dvojica zostane párom aj v dolnom podsvetí a budú mučení spoločne. Pretože vedia, že sa v mučení striedajú, ich prosby majú teraz úplne iný tón.

Nie, nie, prosím ťa, nevyberaj ju.
Nech tam zostane o trochu dlhšie.
Prosím ťa, ešte ju tam ponechaj,
aby som si mohol ešte trochu oddýchnuť.

Manželka chce, aby jej manžel nepretržite trpel a manžel tiež prosí, aby jeho manželka zostala v kotli tak dlho, ako je to možné. Pozeranie sa na toho druhého, ako trpí, poskytuje dlhší čas na oddych. Krátke prestávky však nestačia na dlhotrvajúce utrpenie, pretože manžel vie, že po manželke je rad na ňom. Navyše, keď je jeden v mukách a vidí a počuje, ako ten druhý prosí o dlhšie mučenie pre neho, navzájom sa preklínajú. Tu si môžeme jasne uvedomiť dôsledok telesnej lásky. Realita telesnej lásky – a realita pekla – je, že keď jeden z páru trpí neznesiteľným množstvom a veľkosťou múk, ľahko si praje, aby ten druhý bol trýznený namiesto neho. Ako žena ľutuje, že sa vzbúrila proti Bohu „kvôli manželovi", horlivo manžela obdivuje: „Kvôli tebe som tu!" Odpovedajúc hlasnejšie manžel preklína a obviňuje svoju ženu, ktorá podporovala jeho zlé skutky a podieľala sa na nich.

Čím viac zla pár spácha...

Poslovia pekla v dolnom podsvetí sa veľmi radujú a sú potešení týmto mužom a ženou, ktorí sa navzájom preklínajú a prosia poslov o tvrdšie a dlhšie mučenie partnera.

Pozrite sa, oni sa aj tu navzájom preklínajú!
Ich zlo nás tak veľmi teší!

Ako keby pozerali zaujímavý film, poslovia pekla im venujú veľkú pozornosť a každú chvíľu prikladajú do ohňa, aby sa ešte viac pobavili. Čím viac manžel s manželkou trpia, tým viac sa preklínajú a, prirodzene, smiech poslov sa stáva hlasnejším.

Peklo

Musíme jasne pochopiť jednu skutočnosť. Keď ľudia páchajú zlo aj v tomto živote, zlí duchovia sa tešia a radujú. A zároveň, čím viac zla ľudia páchajú, tým sú Bohu odcudzenejší.

Keď čelíte ťažkostiam a robíte so svetom kompromisy, lamentujete, sťažujete sa a stávate sa zatrpknutými voči konkrétnemu človeku alebo okolnostiam, nepriateľ diabol sa k vám ponáhľa a veselo zväčšuje vaše ťažkosti a súženia.

Múdri ľudia, ktorí poznajú zákon duchovného sveta, nikdy nelamentujú ani sa nesťažujú, ale namiesto toho za každých okolností vzdávajú vďaky a s pozitívnym prístupom vždy vyznávajú vieru v Boha, a tak sa uisťujú, že ich srdce je vždy s Bohom. Okrem toho, ak vás trápi zlý človek, tak potom, ako hovorí Rim. 12:21: *„Nedaj sa premôcť zlu, ale dobrom premáhaj zlo"* musíte vždy čeliť zlu len dobrom a celí sa odovzdať Bohu.

A taktiež, ak budete nasledovať, čo je dobré a chodiť vo svetle, budete mať silu a autoritu na prekonanie pôsobenia zlých duchov. Potom z vás nepriateľ Satan a diabol nemôže urobiť zlých ľudí a všetky vaše problémy zmiznú oveľa rýchlejšie. Boh sa teší, keď Jeho deti konajú a žijú podľa ich dobrej viery.

Za žiadnych okolností by ste nemali vyžarovať zlo spôsobom, akým chce náš nepriateľ Satan a diabol, ale vždy premýšľajte v pravde a správajte sa vo viere spôsobom, ktorý je príjemný nášmu Bohu Otcovi.

Lezenie po kolmom útese

Či už ste Božím služobníkom, starším alebo pracovníkom v Jeho cirkvi, je pravdepodobné, že sa stanete korisťou Satana, ak si neobrežete srdce, ale aj naďalej budete páchať hriechy. Niektorí ľudia sa odvracajú od Boha, pretože milujú svet. Iní prestali chodiť do kostola potom, čo boli v pokušení. A ďalší sa postavia proti Bohu tým, že bránia plánom a misiám Jeho cirkvi, čo ich necháva bezmocnými na ceste smrti.

Prípad celej rodiny, ktorá zradila Boha

Toto je príbeh rodiny človeka, ktorý kedysi verne pracoval pre Božiu cirkev. Neobrezali si svoje srdcia, ktoré boli naplnené horúcim temperamentom a chamtivosťou. Svojou mocou začali ovládať ostatných členov cirkvi a opakovane páchali hriechy. Nakoniec na nich zostúpil Boží trest a otcovi rodiny diagnostikovali vážnu chorobu. Zišla sa celá rodina a začali ponúkať modlitbu úprimného pokánia, rovnako ako aj modlitbu za jeho život.

Boh prijal ich modlitbu pokánia a uzdravil ich otca. Vtedy mi Boh povedal niečo neočakávané: „Keď si jeho ducha povolám teraz, získa aspoň hanebnú spásu. Ak ho nechám žiť o niečo dlhšie, nezíska žiadnu spásu."

Nechápal som, čo tým myslí, ale o pár mesiacov neskôr, keď som bol svedkom správania rodiny, čoskoro som to pochopil. Jeden člen rodiny bol verným pracovníkom mojej cirkvi. Začal brániť Božej cirkvi a Jeho kráľovstvu falošným svedectvom voči cirkvi a páchaním mnohých ďalších zlých skutkov. Nakoniec sa celá rodina nechala oklamať a všetci sa od Boha odvrátili.

Keď bývalý pracovník mojej cirkvi vážne bránil a rúhal sa Duchu Svätému, zvyšok rodiny sa dopustil neodpustiteľných hriechov a otec, ktorý bol mojou modlitbou uzdravený, čoskoro na to zomrel. Ak by bol otec zomrel, keď mal aspoň malú vieru, mohol byť spasený. Ale on opustil svoju vieru, a tak nemal šancu na spásu. Dokonca aj každý člen rodiny skončí v dolnom podsvetí, kam išiel ich otec, a tam budú všetci mučení. Čo bude obnášať ich trest?

Lezenie po kolmom útese bez odpočinku

V oblasti, kde je rodina mučená, sa nachádza kolmý útes. Tento útes je taký vysoký, že nedovidíte na jeho vrchol. Desivý vreskot napĺňa vzduch. Asi v polovici tohto krvavého útesu sú mučené tri duše, ktoré z diaľky vyzerajú ako tri malé bodky.

Holými rukami a nohami lezú nahor po tomto drsnom a tvrdom útese. Ich ruky a nohy vyzerajú, ako keby boli ošúchané brúsnym papierom, ich koža sa rýchlo zlupuje a trhá. Ich telá sú poliate krvou. Dôvod, prečo lezú po tomto zdanlivo nemožnom útese, je uniknúť poslovi pekla, ktorý nad tou oblasťou lieta.

Keď tento posol pekla potom, čo sledoval tieto tri duše vyliezť na útes, zdvihne ruky, malý hmyz, ktorý vyzerá presne ako posol pekla, je rozptýlený po celom mieste ako častice vody vystrieknutej z hadice. Z vycerenými, ostrými zubami a s ústami otvorenými dokorán hmyz rýchlo lezie po útese k týmto dušiam.

Predstavte si ako stovky stonožiek, tarantúl alebo švábov,

všetky z nich o veľkosti prsta, pokrývajú podlahu vášho domu. Tiež si predstavte, ako všetok ten desivý hmyz naraz beží smerom k vám. Už pohľad na takýto hmyz vás vydesí. Ak sa všetok tento hmyz k vám približuje naraz, môže to byť najhrôzostrašnejší okamih vášho života. Ak vám tento hmyz začne liezť po chodidlách a nohách a čoskoro po celom vašom tele, ako by niekto mohol opísať takúto strašnú scénu? Ale v dolnom podsvetí nie je možné povedať, či tohto hmyzu sú stovky alebo tisíce. Duše vedia len to, že je to nevyčísliteľné množstvo hmyzu, a že všetci traja sú ich korisťou.

K trom dušiam sa približuje nespočetné množstvo hmyzu

Keď tieto tri duše uvidia tento hmyz na dne útesu, lezú rýchlejšie a rýchlejšie. Čoskoro sú však tieto tri duše dohnané, premožené a spadnú na zem, kde majú všetky ich časti tela ohrýzané týmto strašným hmyzom.

Keď sú časti tela týchto duší ďalej ohlodávané, bolesť je taká veľká a neznesiteľná, že kričia ako zviery a bezmocne sa krútia a trasú telom do všetkých strán. Snažia sa zo seba striasť hmyz a to dupaním a vzájomným tlačením sa na zem, zatiaľ čo sa neustále navzájom obviňujú a preklínajú. Uprostred tohoto utrpenia každý z nich vyžaruje viac zla než ten druhý, snažia sa len o vlastné záujmy a naďalej sa navzájom preklínajú. Poslovia pekla sa z tohto pohľadu tešia viac, než z čohokoľvek iného, čo dovtedy videli.

Keď sa potom posol pekla vznesie nad miestom a vystrie

Peklo

ruku, aby zozberal tento hmyz, všetok hmyz v okamihu zmizne. Tri duše síce už necítia hryzenie hmyzom, ale nemôžu prestať liezť po kolmom útese. Sú si dobre vedomí toho, že letiaci posol pekla čoskoro opäť zošle hmyz. Zo všetkých síl znova lezú po útese. V tomto desivom pokoji sa tri duše zmietajú v drvivom strachu z budúceho utrpenia a snažia sa vyliezť na útes.

Nie je ľahké ignorovať bolesť škrabancov spôsobených lezením. Ale pretože strach z hmyzu ohrýzajúceho ich telá a ich roztrhania, je oveľa väčší, tri duše nedbajú na ich telá postriekané krvou a lezú tak rýchlo, ako vedia. Aký je to úbohý pohľad!

Spálenie úst horúcim železom

Prís. 18:21: *„Smrť (priam tak) ako život (býva) v moci jazyka a tí, čo radi (obracajú) ním, budú sa živiť jeho ovocím."* V Matúšovi 12:36-37 nám Ježiš hovorí: *„No hovorím vám: Ľudia sa budú v deň súdu zodpovedať z každého daromného slova, ktoré vyslovia. Lebo podľa svojich slov budeš ospravedlnený a podľa svojich slov budeš odsúdený."* Obe pasáže nám hovoria, že pred Bohom budeme zodpovední za naše slová a podľa nich nás bude aj súdiť.

Tí, ktorí vyslovujú dobré slová pravdy, prinášajú dobré ovocie podľa ich slov. Ale tí, ktorí vyslovujú zlé slová bez viery, prinášajú zlé ovocie podľa zlých slov, ktoré zlými perami vyslovujú. Niekedy môžeme vidieť, ako nedbalo vyslovené slová môžu zrodiť neúnosné množstvo a veľkosť bolesti a trápenia.

Odplata za každé slovo

Niektorí veriaci kvôli prenasledovaniu vlastnou rodinou, hovoria alebo sa modlia: „Ak by sa moja rodina začala kajať vďaka nehode, stálo by to za to." Akonáhle nepriateľ Satan a diabol počuje tieto slová, obviňujú toho človeka pred Bohom: „Slová tejto osoby by mali byť splnené." A tak sa slová stanú semenami a nakoniec dôjde k nehode, ktorou sa ľudia stanú postihnutými a čelia ďalším problémom.

Naozaj je potrebné privolať na seba utrpenie takýmito hlúpymi a zbytočnými slovami? Bohužiaľ, keď trápenie prinesie do života ľudí mraky, veľa z nich váha. Iní ľudia si ani neuvedomujú, že ťažkosti na nich dopadli kvôli ich vlastným slovám a ešte ďalší si ani nepamätajú, čo povedali, že spôsobili také problémy.

Preto pamätajúc na to, že každé slovo bude tak či onak odplatené, musíme sa vždy správať, čo najlepšie a dávať si pozor na jazyk. Bez ohľadu na zámer, ak to, čo hovoríte, nie je dobré a krásne, Satan môže poľahky – a iste bude – robiť vás zodpovednými za vaše slová a budete čeliť krutým a niekedy aj zbytočným problémom.

Čo by sa stalo s človekom, ktorý úmyselne klame o Božej cirkvi a Jeho milovanom služobníkovi, a tým výrazne bráni misii cirkvi a konfrontuje Boha? Rýchlo sa dostane pod vplyv Satana a bude potrestaný v pekle.

Toto je len príklad trestov pripravených pre všetkých ľudí, ktorí svojimi slovami bránia Duchu Svätému.

Peklo

Ľudia, ktorí slovami bránia Duchu Svätému

V mojej cikrvi bol raz človek, ktorý ju dlhú dobu navštevoval, slúžil jej a zastával mnoho druhov pozícií. Ale neobrezal si srdce, čo je najdôležitejšou potrebou všetkých kresťanov. Navonok sa zdalo, že je po každej stránke verným pracovníkom, ktorý miloval Boha, cirkev a ostatných členov cirkvi.

Jeden z jeho rodinných príslušníkov bol uzdravený z nevyliečiteľnej choroby, v dôsledku ktorej mohol byť trvalo postihnutý a ďalší člen jeho rodiny bol vzkriesený na prahu smrti. Okrem týchto členov aj ostatní rodinní príslušníci mnohokrát okúsili silu Boha a dostávali od Boha mnoho požehnaní, ale on si nikdy neobrezal srdce a nezbavil sa zla.

Takže, keď cirkev ako celok čelila vážnym problémom, jeho rodinní príslušníci boli pokúšaní Satanom, aby ju zradili. Nepamätajúc na milosť a požehnanie, ktoré skrze cirkev dostal, opustil cirkev, ktorej tak dlho slúžil. Okrem toho začal bojovať proti tejto cirkvi a čoskoro, ako keby bol na evanjelizačnej misii, začal navštevovať členov cirkvi a zasahovať do ich viery.

Aj keď cirkev opustil kvôli neistote vo viere, nakoniec by mohol získať Božie zľutovanie, keby mlčal o veciach, o ktorých nič nevedel a snažil sa rozoznať dobro od zla.

Ale on neprekonal vlastné zlo a jazykom spáchal mnoho hriechov, a preto ho teraz čaká len bolestná odplata.

Ústa spálené a telo skrútené

Posol pekla mu horúcim železom spáli ústa, pretože slovami

vychádzajúcimi z jeho úst veľmi bojoval proti Duchu Svätému. Tento trest je podobný trestu Piláta Pontského, ktorý slovami z jeho úst odsúdil nevinného Ježiša k ukrižovaniu, a v dolnom podsvetí má teraz natrvalo odstránený jazyk.

Okrem toho je duša nútená vstúpiť do sklenenej trubice, ktorá má na oboch koncoch zátky, na ktorých sú umiestnené kovové držadlá. Keď poslovia pekla točia týmito držadlami, telo uviaznutej duše je skrútené. Jej telo je viac a viac skrúcané, a ako je špinavá voda vytlačená z mopu, z duše cez oči, nos, ústa a všetky ďalšie otvory v tele vytryskne krv. Nakoniec z jej buniek vytryskne všetka krv a miazga.

Viete si predstaviť, koľko sily musíte vynaložiť na vytlačenie kvapky krvi skrúcaním prsta?

Krv a miazga duše nie sú vytláčané len z jednej časti tela, ale z celého tela, od hlavy až po päty. Všetky jej kosti a svaly sú skrútené a roztrhané a všetky jej bunky sa rozpadnú, aby z tela bola vytlačená aj posledná kvapka akejkoľvek tekutiny. Aké bolestné to musí byť!

Nakoniec je sklenená trubica plná krvi a miazgy z tela duše, takže z diaľky vyzerá ako fľaša červeného vína. Potom, čo poslovia pekla krútili telom duše, až kým z tela nebola vytlačená posledná kvapka tekutiny, na chvíľu nechajú telo na pokoji, aby sa mohlo opäť obnoviť.

Ale aj keď sa telo obnoví, akú nádej má táto duša? Od okamihu, kedy sa jej telo obnoví, skrúcanie a stláčanie tela sa opakuje donekonečna. Inými slovami, okamihy medzi jej mučením sú iba predĺžením mučenia.

Za bránenie Božiemu kráľovstvu jazykom sú spálené ústa

Peklo

tejto duše a ako odmena za aktívnu pomoc s prácami Satana je z tela vytlačená každá kvapka tekutiny.

V duchovnom svete človek žne to, čo zaseje a bude na ňom vykonané všetko, čo urobil. Prosím vás, majte na pamäti túto skutočnosť a nepodľahnite zlu, ale len s dobrými slovami a skutkami žijte život, ktorý velebí Boha.

Obrovské mučiace zariadenia

Táto duša osobne zažila diela Ducha Svätého, keď bola uzdravená z choroby a slabosti. Potom sa modlil z celého srdca, aby si obrezal srdce. Jeho život bol vedený pod dohľadom Ducha Svätého a prinášal ovocie, získal chválu a lásku členov cirkvi a stal sa ministrom.

Uchvátený vlastnou pýchou

Keď získal chválu a lásku ľudí okolo neho, postupne sa stal arogantným a už sa nemohol na seba ďalej správne dívať a prestal s obriezkou srdca. Vždy bol človekom horúceho temperamentu a žiarlivosti, a namiesto zbavenia sa týchto vlastností, začal súdiť a odsudzovať všetkých ľudí, ktorí mali pravdu a nemal rád nikoho, kto ho nepotešil alebo s ním nesúhlasil.

Akonáhle je človek uchvátený svojou pýchou a pácha zlo, viac zla z neho vychádza a on už nemá zábrany alebo chuť dbať na rady niekoho iného. Táto duša nahromadila veľké množstvo zla, bola chytená do pasce Satana a otvorene bojovala proti Bohu.

Spasenie nie je úplné po prijatí Ducha Svätého. Aj keď ste

naplnení Duchom Svätým, zažívate milosť a slúžite Bohu, ste ako bežec maratónu, ktorý je ešte stále ďaleko od cieľovej čiary – očistenia. Bez ohľadu na to, ako dobre bežec beží, ak sa zastaví alebo omdlie, neprinesie to nič dobré. Mnoho ľudí beží k cieľovej čiare – nebu. Bez ohľadu na to, ako rýchlo ste dosiahli určitý bod a ako blízko ste sa ku cieľu dostali, ak sa zastavíte, je to pre vás koniec maratónu.

Nemyslite si, že stojíte pevne

Boh nám hovorí, že ak sme „vlažní", budeme opustení (Zjv. 3:16). Dokonca aj keď ste človekom viery, musíte byť vždy naplnený Duchom Svätým, udržiavať nadšenie pre Boha a horlivo prispievať k budovaniu nebeského kráľovstva. Ak sa zastavíte v polovici, tak ako tí, ktorí sa vôbec nezúčastnia maratónu, nemôžete byť spasení.

Z tohto dôvodu apoštol Pavol, ktorý bol celým srdcom verný Bohu, vyznal: *„Každý deň zomieram, tak ako ste mojou slávou, bratia, ktorú mám v Kristovi Ježišovi, našom Pánovi"* (1 Kor. 15:31) a *„Ale krotím svoje telo a podrobujem si ho, aby som azda, kým iným kážem, sám nebol zavrhnutý"* (1 Kor. 9:27).

Aj keď ste v pozícii učiť ostatných ľudí a nezbavíte sa vlastných myšlienok a nepodriadite si vlastné telo, ako to urobil Pavol, Boh vás opustí. Je to preto, lebo *„Váš protivník, diabol obchádza ako revúci lev a hľadá, koho by zožral"* (1 Pt. 5:8).

1 Kor. 10:12 hovorí: *„Preto kto si myslí, že stojí, nech si dáva pozor, aby nepadol."* Duchovný svet je nekonečný a aj náš proces podobať sa viac a viac Bohu je nekonečný. Tak, ako poľnohospodár

Peklo

seje semená na jar, pestuje ich po celé leto a na jeseň zbiera úrodu, aj vy budete musieť neustále napredovať, aby sa zdokonaľovala vaša duša a bola pripravená na stretnutie s Pánom Ježišom.

Krútenie a bodanie hlavy

Aké druhy trestov čakajú na dušu, ktorá si prestala obrezávať srdce, pretože si myslela, že stojí pevne, ale nakoniec padla? Je mučená zariadením, ktoré sa podobá poslovi pekla, padlému anjelovi. Zariadenie je niekoľkonásobne väčšie ako posol pekla a duši behá po chrbte mráz už len pri pohľade naň. Na rukách mučiaceho zariadenia sú ostré a špicaté nechty, ktoré sú dlhšie, ako je výška priemerného človeka.

Toto veľké mučiace zariadenie drží pravou rukou dušu okolo krku a nechtami ľavej ruky, ktoré sa zabodávajú do hlavy a mozgu, krúti hlavou duše. Viete si predstaviť, aké je to bolestivé?

Táto fyzická bolesť je ukrutná; duševná bolesť je neznesiteľná. Pred očami duše beží akási prezentácia, ktorá naživo premieta najšťastnejšie chvíle v jej živote: šťastie, ktoré cítila pri prvom stretnutí s Božou milosťou, radostné vzdávanie chvál Bohu, doba, keď bola duša horlivá plniť Ježišov príkaz „ísť a získavať Mu učeníkov vo všetkých národoch", a podobne.

Duševné mučenie a výsmech

Pre dušu je každá scéna dýkou do srdca. Kedysi bola služobníkom všemohúceho Boha a bola plná nádeje na život v slávnom Novom Jeruzaleme. Teraz je na tomto úbohom mieste.

Tento ostrý kontrast jej trhá srdce na kusy. Duša už nemôže vydržať duševné muky, skloní krvavú a strapatú hlavu a tvár si vloží do dlaní. Prosí o milosť a zastavenie mučenia, ale jej utrpenie je nekonečné. Mučiace zariadenie po chvíli položí dušu na zem. Potom poslovia pekla, ktorí sledovali utrpenie duše, ju obklopia a zosmiešňujú slovami: „Ako si ty mohol byť Božím služobníkom? Stal si sa apoštolom Satana a teraz si Satanovým rozptýlením." Pri počúvaní výsmechu duša vzlyká a kričí o milosť, dva prsty pravej ruky mučiaceho zariadenia ju držiac za krk zodvihnú do výšky. Nevšímajúc si mykajúcu dušu, zariadenie zodvihne dušu do výšky jeho krku a ostrými, špicatými nechtami na ľavej ruke prebodáva jej hlavu. Zariadenie začne ďalšie mučenie prehrávaním prezentácie. Toto mučenie bude pokračovať až do súdneho dňa.

Priviazanie ku kmeňu stromu

To je trest bývalého Božieho služobníka, ktorý kedysi učil členov cirkvi a mal na starosti mnoho významných pozícií.

Oponovať Duchu Svätému

Táto duša veľmi túžila po sláve, materiálnom zisku a moci. Usilovne plnil svoje povinnosti, ale neuvedomil si vlastnú zlobu. Prestal sa modliť, a tak sa prestal snažiť o obriezku srdca. Všetky druhy zla v ňom rástli ako jedovaté huby, a keď cirkev, ktorej slúžil, čelila veľkej kríze, bol okamžite ovládnutý mocou Satana.

Peklo

Keď sa postavil proti Duchu Svätému potom, ako bol pokúšaný Satanom, jeho hriechy boli vážnejšie, pretože bol vodcom cirkvi, negatívne ovplyvňoval mnohých členov cirkvi a bránil rastu Božieho kráľovstva.

Predmetom mučenia a výsmechu

Tento človek dostane v dolnom podsvetí trest priviazania ku kmeňu stromu. Jeho trest nie je taký tvrdý ako trest Judáša Iškariotského, ale tiež je ukrutný a neznesiteľný.

Posol pekla prehráva duši prezentáciu, v ktorej sú scény zobrazujúce najšťastnejšie chvíle jej života, väčšinou v čase, keď bol verným služobníkom Boha. Toto duševné mučenie mu pripomenie, že kedysi bol šťastný a mal šancu získať hojné Božie požehnanie, ale kvôli jeho nenásytnosti a klamstve si nikdy neobrezal srdce, a preto teraz dostal tento hrozný trest.

Zo stropu visí obrovské množstvo čierneho ovocia. Po ukončení prezentácie posol pekla ukáže na strop a zosmiešňuje dušu slovami: „Tvoja chamtivosť priniesla takéto plody!" Potom ovocie začne jedno po druhom padať. Každý plod je hlavou jedného človeka, ktorý ho nasledoval v boji proti Bohu. Dopustili sa rovnakého hriechu ako táto duša a zvyšok ich tiel bol po hroznom mučení odrezaný. Zostali len ich hlavy, ktoré visia zo stropu. Duša priviazaná ku stromu vyzývala a pokúšala týchto ľudí na tomto svete k nasledovaniu ciest jeho nenásytnosti a páchaniu zla, a tak sa stali plodom jeho nenásytnosti.

Kedykoľvek ho posol pekla zosmiešňuje, tento výsmech slúži ako signál na to, aby toto ovocie padalo a jedno po druhom praskalo. Potom sa s praskotom vykotúľa z vreca hlava. Drámy, historické alebo akčné dokumentárne filmy, hry alebo filmy, v ktorých bolo podrezané hrdlo hlavnej postavy, zobrazujú známy vzhľad hlavy mŕtvej postavy s rozstrapatenými vlasmi, krvavou tvárou, vredovitými perami a otvorenými očami. Hlavy padajúce zo stropu sa veľmi podobajú hlavám v týchto drámach alebo filmoch.

Hlavy padajúce zo stropu hryzú dušu

Keď príšerné hlavy padajú zo stropu, jedna po druhej sa prilepia na telo duše. Najprv prilipnú na nohy a odhryznú ich.

Pred očami duše sa skončí ďalšia scéna z prezentácie a posol pekla ju opäť zosmiešňuje slovami: „Pozri, takto visí tvoja chamtivosť!" Potom zo stropu spadne ďalšie vrece, rostrhne sa a k telu sa prilepí ďalšia hlava, ktorá začne zlostne hrýzť paže duše.

Kedykoľvek posol pekla zosmiešňuje dušu, zo stropu jedna po druhej padajú hlavy. Tieto hlavy visia po celom tele duše ako strom nesúci bohaté ovocie. Bolesť z uhryznutia týmito hlavami je úplne iná, ako bolesť z uhryznutia človekom alebo zvieraťom na tomto svete. Jed z ostrých zubov týchto hláv sa šíri z pohryzených častí do vnútorných kostí a telo sa mení na tvrdé a tmavé. Táto bolesť je taká veľká, že ohlodanie hmyzom alebo roztrhanie zvieratami sa zdá byť oveľa menej bolestivé.

Duše, ktorým zostali len hlavy, museli prejsť mučením, kde zvyšok ich tiel bol odrezaný a roztrhaný na kusy. Koľko hnevu budú cítiť k tejto duši? Aj keď bojovali proti Bohu v dôsledku vlastného zla, ich túžba pomstiť sa mu za ich pád je nebezpečná a zúfalá.

Duša dobre vie, že je mučená kvôli jej chamtivosti. Avšak,

Peklo

namiesto toho, aby ľutovala a konala pokánie z hriechov, preklína hlavy duší, ktoré hryzú a trhajú jej telo. S postupom času so stúpajúcou bolesťou sa duša stáva horšou a skazenejšou.

Nesmiete spáchať neodpustiteľné hriechy

Uviedol som päť príkladov trestov ľudí, ktorí bojovali proti Bohu. Tieto duše dostanú ťažšie tresty než mnoho iných duší, pretože v určitom okamihu života pracovali pre Boha na rozširovaní Jeho kráľovstva ako vodcovia cirkvi.

Musíme si pamätať, že veľa duší, ktoré skončili v dolnom podsvetí a sú teraz mučené, si mysleli, že verili v Boha, verne a dychtivo slúžili Jemu, Jeho služobníkom a Jeho cirkvi.

Okrem toho musíte mať na pamäti nikdy nehovoriť proti, oponovať alebo rúhať sa Duchu Svätému. Duch pokánia nebude daný tým ľuďom, ktorí sa stavajú proti Duchu Svätému, a to najmä preto, lebo bojujú proti Duchu Svätému potom, čo vyznávali vieru v Boha a potom, čo boli svedkami diel Ducha Svätého. A preto nemôžu konať pokánie.

Od prvých dní mojej služby až do dnešného dňa som nikdy nekritizoval inú cirkev alebo akýchkoľvek iných služobníkov Boha a nikdy som ich neodsúdil za „kacírskych." Ak ostatné cirkvi a pastori veria v Trojjediného Boha, uznávajú existenciu neba a pekla a hlásajú posolstvo o spasení skrze Ježiša Krista, ako by mohli byť kacírmi?

Odsúdiť a označiť cirkev, v ktorej, alebo služobníka, prostredníctvom ktorého, sa zobrazuje a potvrdzuje Božia autorita a prítomnosť, je jasné postavenie sa proti Duchu

Svätému. Pamätajte si, že takýto hriech nebude odpustený. Preto, kým sa nezistí pravda, nikto nemôže odsúdiť niekoho iného za „kacíra." Okrem toho, nesmiete sa dopustiť hriechu bránenia a postavenia sa proti Duchu Svätému svojím jazykom.

Ak opustíte Bohom danú povinnosť

Za žiadnych okolností sa nesmieme vzdať Bohom danej povinnosti na základe vlastného uváženia. Ježiš zdôraznil dôležitosť povinnosti prostredníctvom podobenstva o talentoch (Mt. 25). Raz sa jeden človek chcel vydal na cestu. Zavolal si svojich sluhov a každému podľa jeho schopností zveril časť majetku. Prvému sluhovi dal päť talentov, druhému dva a poslednému jeden talent. Prvý a druhý sluha obchodovali s peniazmi a každý z nich získal dvojnásobok. Ale sluha, ktorý dostal jeden talent, odišiel, vykopal jamu a ukryl tam pánove peniaze. Po dlhej dobe sa pán vrátil a začal účtovať so svojimi sluhami. Muži, ktorí dostali päť a dva talenty, priniesli dvojnásobok. Pán pochválil každého z nich a povedal: „Správne, dobrý a verný sluha!" Potom bol sluha, ktorý dostal jeden talent, opustený, pretože neobchodoval s peniazmi a nezískal žiadny úrok, ale namiesto toho sa ich len držal.

„Talent" v tomto podobenstve odkazuje na Bohom danú povinnosť. Vidíte, že Boh opúšťa toho, kto sa iba drží svojej povinnosti. Napriek tomu, dnes toľko ľudí okolo nás opúšťa svoje povinnosti, ktoré dostali od Boha. Musíte si uvedomiť, že tí, ktorí opustili svoje povinnosti vlastným rozhodnutím, budú v súdny deň určite súdení.

Peklo

Odhodiť pokrytectvo a obrezať si srdce

Ježiš tiež zdôraznil význam obriezky srdca, keď pokarhal učiteľov zákona a farizejov a označil ich za pokrytcov. Navonok to vyzeralo, že učitelia zákona a farizeji vedú verný život, ale ich srdce bolo plné zla, preto ich Ježiš pokarhal, že sú ako obielené hroby.

„Beda vám, zákonníci a farizeji, pokrytci, lebo sa podobáte obieleným hrobom, ktoré zvonka vyzerajú pekne, ale vnútri sú plné mŕtvolných kostí a všelijakej nečistoty! Tak sa aj vy navonok zdáte ľuďom spravodliví, no vnútri ste plní pokrytectva a neprávosti" (Mt. 23:27-28).

Z rovnakého dôvodu je zbytočné, keď sa nalíčite alebo si oblečiete najluxusnejšie oblečenie, ak je vaše srdce plné žiarlivosti, nenávisti a arogancie. Viac ako čokoľvek iné Boh chce, aby sme si obrezali srdce a odhodili zlo.

Evanjelizácia, starostlivosť o členov kostola a služba cirkvi sú veľmi dôležité. Ale najdôležitejšie je milovať Boha, kráčať vo svetle a stále viac a viac sa podobať Bohu. Mali by ste byť svätí, ako je Boh svätý a mali by ste byť dokonalí, ako je Boh dokonalý.

Na jednej strane, ak vaša súčasná horlivosť pre Boha nepochádza z pravého srdca a úplnej viery, môže pominúť, a preto sa nemôžete páčiť Bohu. Na druhej strane, ak človek obreže svoje srdce, aby sa stal svätým a dokonalým, jeho srdce bude vyžarovať vôňu skutočne milú Bohu.

Navyše, bez ohľadu na to, koľko z Božieho Slova ste sa naučili a viete, oveľa dôležitejšie je rozhodnúť sa správať a žiť podľa Slova. Vždy by ste mali mať na pamäti existenciu trýznivého pekla, očistiť si srdce, a keď sa Pán Ježiš vráti, budete jedným z prvých, ktorí ho objímu.

1 Kor. 2:12-14 nám hovorí: *„A my sme nedostali ducha sveta, ale Ducha, ktorý je z Boha, aby sme vedeli, čo nám Boh daroval. A o tom hovoríme nie slovami naučenými od ľudskej múdrosti, ale slovami, ktoré nás naučil Duch; duchovné veci duchovne vysvetľujeme. Živočíšny človek neprijíma veci Božieho Ducha; sú mu bláznovstvom a nemôže ich pochopiť, lebo ich treba duchovne posudzovať."*

Ako môže niekto z telesného sveta hovoriť o duchovných záležitostiach a porozumieť im bez diel a pomoci Ducha Svätého zjavených Bohom?

Boh sám zjavil toto svedectvo o pekle, a tak každá časť z neho je pravdivá. Tresty v pekle sú také ukrutné, že namiesto popísania každého detailu, opísal som len zopár prípadov mučenia. Tiež majte na pamäti, že medzi ľudmi, ktorí padli do dolného podsvetia, sú takí, ktorí kedysi boli Bohu verní a oddaní.

Ak nemáte dostatočné kvalifikácie, to znamená, keď sa prestanete modliť a obrezávať si srdce, takmer určite budete pokúšaní Satanom bojovať proti Bohu a nakoniec uvrhnutí do pekla.

V mene Pánovom sa modlím, aby ste pochopili, akým desivým a úbohým miestom je peklo, snažili sa zachrániť čo najviac duší, vrúcne sa modlili, dôkladne kázali evanjelium a vždy sa skúmali, aby ste dosiahli úplnú spásu.

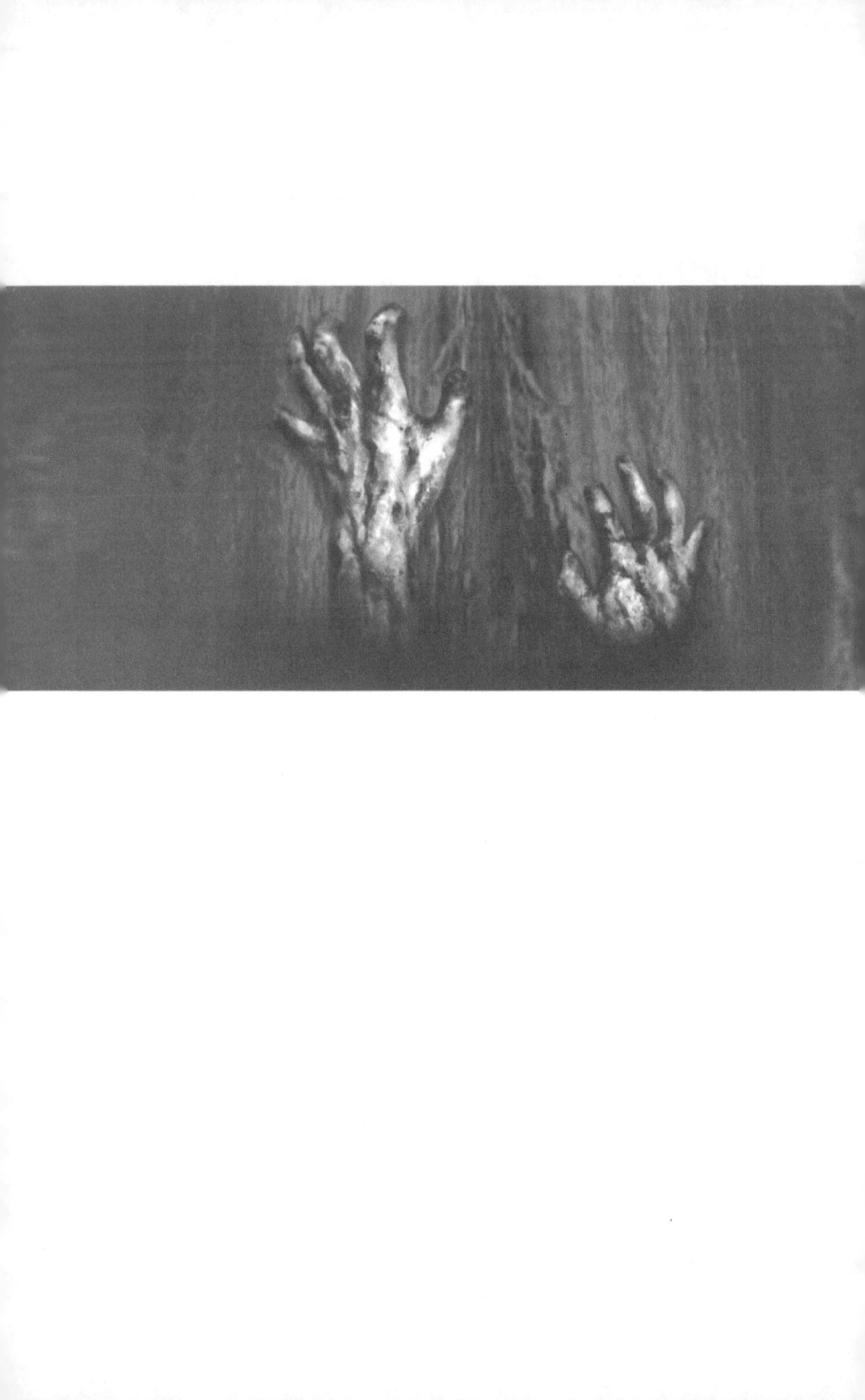

Kapitola 7

Spasenie počas veľkého súženia

Príchod Krista a nadšenie

Sedemročné veľké súženie

Mučeníctvo počas veľkého súženia

Kristov druhý príchod a tisícročie

Príprava stať sa Pánovou krásnou nevestou

„A toto evanjelium o kráľovstve sa bude hlásať
po celom svete na svedectvo všetkým národom.
A potom príde koniec."
- Mt. 24:14 -

„Po nich nasledoval iný, tretí anjel, ktorý mohutným hlasom volal:
Ak sa niekto bude klaňať šelme a jej obrazu a prijme znak
na svoje čelo alebo na ruku, aj ten bude piť z vína Božieho hnevu,
nezriedeného, naliateho do kalicha jeho hnevu,
a bude mučený ohňom a sírou pred svätými anjelmi a pred Baránkom.
Dym ich múk vystupuje na veky vekov a nemajú odpočinku
vo dne ani v noci tí, ktorí sa klaňajú šelme a jej obrazu,
ani ten, kto prijme znak jej mena."
- Zjv. 14:9-11 -

Spasenie počas veľkého súženia

Keď sa dnes pozorne pozrieme na priebeh dejín alebo proroctvá v Biblii, uvedomíme si, že dozrel čas a blíži sa Pánov príchod. V uplynulých rokoch sa udiali početné zemetrasenia a povodne, ktorých sila sa opakuje len asi raz za stovky rokov. Okrem toho, časté a rozsiahle lesné požiare, hurikány a tajfúny zanechali po sebe stopy ničenia a obrovské množstvo obetí. V Afrike a Ázii mnohí trpeli a umierali hladom v dôsledku dlhých období sucha. Veľká časť sveta je svedkom a zažíva abnormálne počasie, ktoré je spôsobené poškodzovaním ozónovej vrstvy, „El Niño", „La Niña" a mnoho ďalších. Navyše sa zdá, že vojny a konflikty medzi krajinami, teroristické útoky a iné formy násilia, nemajú konca. Zverstvá za hranice morálnych princípov človeka sa stali každodennými udalosťami a sú šírené prostredníctvom masmediálnych prostriedkov.

Ježiš Kristus to prorokoval už pred dvoma tisícročiami, keď odpovedal na otázku učeníkov: *„Povedz nám, kedy to bude a aké bude znamenie tvojho príchodu a konca sveta?"* (Mt. 24:3)

Napríklad, nakoľko sú pravdivé tieto verše dnes?

Lebo povstane národ proti národu a kráľovstvo proti kráľovstvu. Miestami bude hlad a zemetrasenie. Ale to všetko bude len začiatok útrap (Mt. 24:7-8).

Preto, ak máte pravú vieru, mali by ste vedieť, že deň Ježišovho návratu je veľmi blízko, a mali by ste bdieť rovnako ako päť múdrych panien (Mt. 25:1-13). Nikdy by ste nemali byť opustení ako ďalších päť panien, ktoré si nepripravili dosť oleja pre svoje lampy.

Príchod Krista a nadšenie

Asi pred dvetisíc rokmi náš Pán Ježiš zomrel na kríži, tretieho dňa vstal z mŕtvych a pred zrakmi mnohých ľudí vystúpil na nebesia. Sk. 1:11 hovoria: *„Mužovia galilejskí, čo stojíte a hľadíte do neba? Tento Ježiš, ktorý bol od vás vzatý do neba, príde tak, ako ste ho videli do neba odchádzať."*

Ježiš sa vráti v oblakoch

Ježiš Kristus otvoril cestu spásy, odišiel do neba, sedí po pravici Boha a pripravuje nám príbytky. V čase Božieho výberu, a keď budú naše miesta v nebi pripravené, Ježiš sa vráti tak, ako to prorokoval v Jn. 14:3: *„Keď odídem a pripravím vám miesto, zasa prídem a vezmem vás k sebe, aby ste aj vy boli tam, kde som ja."*
Ako bude vyzerať Ježišov návrat?

1 Tes. 4:16-17 opisuje scénu, v ktorej Ježiš zostúpi z neba s nespočetným množstvom nebeských zástupov a anjelov, spolu s tými, čo umreli v Kristovi.

Lebo na povel, na hlas archanjela a zvuk Božej

poľnice sám Pán zostúpi z neba a tí, čo umreli v Kristovi, vstanú prví. Potom my, čo žijeme a zostaneme, budeme spolu s nimi v oblakoch uchvátení do vzduchu v ústrety Pánovi, a tak budeme navždy s Pánom.

Aký nádherný bude príchod Ježiša Krista, ktorý sa vráti v oblakoch, obklopený mnohými nebeskými zástupmi a anjelmi! Vtedy budú všetci ľudia, ktorí sú spasení vierou, uchvátený do vzduchu a zúčastnia sa sedemročnej svadobnej hostiny.

Tí, ktorí sú už mŕtvi, ale v Kristovi sú spasení, budú vzkriesení ako prví a uchvátení do vzduchu, za nimi budú nasledovať tí, ktorí budú v čase návratu Ježiša stále nažive, a ktorých telá sa premenia v nezničiteľné telá.

Nadšenie a sedemročná svadobná hostina

„Nadšenie" je udalosť, kedy budú veriaci uchvátení do vzduchu. Kde sa teda nachádza „vzduch" spomenutý v 1 Tes. 4?

Podľa Ef. 2:2, ktorý hovorí: *„v ktorých ste kedysi žili podľa ducha tohoto sveta, podľa kniežaťa vzdušnej mocnosti, ducha, ktorý teraz pôsobí v neposlušných synoch,"* „vzduch" predstavuje miesto, kde majú moc zlí duchovia.

Ale toto miesto zlých duchov nie je miestom sedemročnej svadobnej hostiny. Boh, náš Otec, pripravil pre hostinu osobitné miesto. Dôvodom, prečo Biblia nazýva pripravené miesto „vzduchom", čo je rovnaký názov pre miesto zlých duchov, je to, že obidve miesta sú v rovnakom priestore.

Peklo

Keď sa pozriete na oblohu, môže byť pre vás ťažké pochopiť, kde v skutočnosti je „vzduch", v ktorom sa stretneme s Ježišom, a kde sa bude konať sedemročná svadobná hostina. Odpovede na tieto otázky môžete nájsť v zbierke Prednášky o Genezis a v dvojdielnej sérii Nebo. Prečítajte si tie posolstvá, pretože je dôležité správne pochopiť duchovný svet a veriť v Bibliu.

Viete si predstaviť, akí šťastní budú všetci, ktorí veria v Ježiša a pripravujú sa ako Jeho nevesta, keď sa konečne stretnú so svojím ženíchom a zúčastnia sa svadobnej hostiny, ktorá bude trvať sedem rokov?

„Radujme sa a plesajme, vzdávajme mu slávu, lebo nadišla Baránkova svadba a jeho nevesta sa pripravila. A smela sa obliecť do čistého, skvúceho kmentu; ten kment sú spravodlivé skutky svätých." Potom mi povedal: „Napíš: Blahoslavení sú tí, čo sú pozvaní na Baránkovu svadobnú hostinu!" A povedal mi: „Tieto Božie slová sú pravdivé" (Zjv. 19:7-9).

Na jednej strane, tí veriaci, ktorí boli uchvátení do vzduchu, dostanú odmenu za to, že premohli svet. Na druhej strane, tí, ktorí neboli uchvátení, budú trpieť nepredstaviteľnou bolesťou spôsobenou zlými duchmi, ktorí budú vyhnaní zo vzduchu na zem, keď sa Ježiš vráti.

Spasenie počas veľkého súženia

Sedemročné veľké súženie

Kým veriaci, ktorí boli spasení, sa budú sedem rokov tešiť zo svadobnej hostiny vo vzduchu s Ježišom Kristom, zdieľať s Ním radosť a plánovať šťastnú budúcnosť, všetci ľudia, ktorí zostali na zemi, budú sedem rokov čeliť nemalej miere utrpenia a neopísateľným a desivým katastrofám.

Tretia svetová vojna a znak šelmy

Počas nukleárnej svetovej vojny, ktorá má prísť – tretej svetovej vojny – vyhorí tretina všetkých stromov na zemi a zahynie tretina ľudstva. Počas tej istej vojny bude ťažké nájsť dýchateľný vzduch a čistú vodu v dôsledku závažného znečistenia, a ceny potravín a potrieb budú raketovo stúpať.

Bude predstavený znak šelmy „666" a budú ním označení všetci ľudia, a to buď na pravej ruke, alebo na čele. Ak človek odmietne prijať tento znak, jeho totožnosť nebude zaručená, a tak nebude môcť uskutočniť žiadny druh transakcií a kupovať potreby.

A pôsobí, že všetci, malí i veľkí, bohatí i chudobní, slobodní aj otroci, prijímajú na pravú ruku alebo na čelo znak, a že nik nemôže kupovať alebo predávať, iba ten, kto má znak: meno šelmy alebo číslo jej mena. V tomto je múdrosť: Kto má rozum, nech spočíta číslo šelmy; je to číslo človeka a jeho číslo je šesťstošesťdesiatšesť (Zjv. 13:16-18).

Peklo

Medzi tými, ktorí po príchode Pána a po nadšení zostali na zemi, budú ľudia, ktorí počuli evanjelium alebo chodili do kostola a teraz si spomenú na Božie Slovo.

Budú tam ľudia, ktorí vedome prestali veriť a aj takí, ktorí si mysleli, že v Boha verili, ale aj napriek tomu zostali na zemi. Ak by títo ľudia verili Biblii z celého srdca, viedli by dobrý život v Kristovi.

Ale boli vždy vlažní a hovorili si: „Či nebo a peklo existujú, zistím, až keď zomriem," a tak nemali druh viery potrebný na spásu.

Tresty pre ľudí, ktorí prijali znak šelmy

Takí ľudia si uvedomia, že každé slovo v Biblii je pravdivé, až potom, čo budú svedkami nadšenia. Budú smútiť a horko zaplačú. Ovládnutí veľkým strachom, budú konať pokánie za to, že nežili podľa Božej vôle a budú zúfalo hľadať cestu k spáse. Pretože vedia, že prijatie znaku šelmy vedie len do pekla, budú robiť všetko pre to, aby unikli označeniu. Budú sa snažiť dokázať svoju vieru aj týmto spôsobom.

Po nich nasledoval iný, tretí anjel a volal mohutným hlasom: „Ak sa niekto bude klaňať šelme a jej obrazu a prijme znak na svoje čelo alebo na svoju ruku, aj ten bude piť z vína Božieho hnevu, nezriedeného, naliateho do čaše jeho hnevu, a bude mučený ohňom a sírou pred svätými anjelmi a pred Baránkom. A dym ich múk bude stúpať na veky vekov a nebudú mať oddychu vo dne v noci tí, čo sa klaňajú šelme a jej obrazu, ani ten, kto by prijal znak jej mena." V tomto je trpezlivosť svätých, ktorí zachovávajú Božie prikázania a vieru v Ježiša (Zjv. 14:9-12).

Avšak, nebude ľahké odmietnuť znak šelmy, najmä vo svete, v ktorom zlí duchovia ovládli úplne všetko. Zlí duchovia tiež vedia, že ak títo ľudia odmietnu označenie 666, zomrú mučeníckou smrťou a získajú spásu. A tak sa zlí duchovia nebudú chcieť ľahko vzdať.

Na začiatku kresťanskej cirkvi pred dvetisíc rokmi mnoho štátnych orgánov prenasledovalo kresťanov a potom ich ukrižovali, stínali im hlavy alebo ich hádzali levom ako korisť. Ak by bol človek takto prenasledovaný a zabitý počas sedemročného veľkého súženia, obrovské množstvo ľudí by zomrelo rýchlou smrťou. Ale zlí duchovia počas tohto sedemročného obdobia nebudú nič zľahčovať ľuďom, ktorí boli ponechaní na zemi. Zlí duchovia budú všetkými možnými spôsobmi nútiť ľudí, aby zapreli Ježiša. To však neznamená, že ľudia môžu spáchať samovraždu, aby sa vyhli utrpeniu, pretože samovražda vedie len do pekla.

Tí, ktorí sa stanú mučeníkmi

Už som spomenul niektoré kruté metódy mučenia používané zlými duchmi. Počas veľkého súženia budú neobmedzene používané nepredstaviteľné metódy mučenia. Navyše, pretože utrpenie je takmer nemožné vydržať, počas tohto obdobia získa

Peklo

spásu len malý počet ľudí.

Preto každý z nás musí po celú dobu duchovne bdieť a mať takú vieru, ktorá nás vynesie do vzduchu v čase Kristovho príchodu.

Kým som sa modlil, Boh mi zjavil obraz, v ktorom ľudia po nadšení ponechaní na zemi, trpeli všetkými druhmi mučenia. Videl som, že väčšina ľudí neboli schopní ich znášať a nakoniec podľahli zlým duchom.

Mučenie zahŕňa zlupovanie kože ľudí, lámanie a drvenie ich kĺbov, odsekávanie prstov na rukách a nohách, a oblievanie vriacim olejom. Niektorí ľudia, ktorí sú schopní odolať vlastnému mučeniu, nevydržia sa pozerať na utrpenie ich starých rodičov alebo malých detí a aj oni podľahnú a príjmu znak 666.

Ale bude tam malý počet spravodlivých ľudí, ktorí prekonajú všetky pokušenia a mučenie. Títo ľudia získajú spásu. Aj keď to bude hanebná spása a vstúpia len do raja, ktorý patrí k nebu, jednoducho budú vďační a radi, že nepadli do pekla.

To je dôvod, prečo sme povinní šíriť toto posolstvo pekla po celom svete. Aj keď to vyzerá, že teraz tomu ľudia nevenujú pozornosť, ak si na to spomenú počas veľkého súženia, pripraví im to cestu k spaseniu.

Niektorí ľudia hovoria, že ak naozaj dôjde k nadšeniu a budú ponechaní na zemi, zomrú mučeníckou smrťou a získajú spásu.

Ak však nemajú vieru v tejto dobe pokoja, ako by si mohli ubrániť vieru uprostred takého krutého mučenia? Nemôžeme predpovedať ani čo sa s nami stane v nasledujúcich desiatich minútach. Ak zomrú ešte predtým, než dostanú príležitosť zomrieť mučeníckou smrťou, čaká ich len peklo.

Mučeníctvo počas veľkého súženia

Aby ste ľahšie pochopili mučenie veľkého súženia a dokázali duchovne bdieť, a tak sa mu mohli vyhnúť, vysvetlím to podrobnejšie na príklade jednej duše. Pretože táto žena získala pretekajúcu Božiu milosť, mohla vidieť a počuť o Bohu úžasné, nádherné, a dokonca aj skryté veci. Napriek tomu jej srdce bolo naplnené zlom a mala malú vieru. S týmito Božími darmi vykonávala dôležité povinnosti, hrala kľúčovú úlohu v rozširovaní Božieho kráľovstva a svojimi skutkami často potešovala Boha. Pre ľudí je ľahké predpokladať: „Ľudia s významnými úlohami v cirkvi musia byť ľuďmi veľkej viery!" Ale to nie je nevyhnutne pravda. Z Božieho pohľadu existuje nespočetné množstvo veriacich, ktorých viera vôbec nie je „veľká." Boh nemeria telesnú vieru, ale duchovnú vieru.

Boh chce duchovnú vieru

Preskúmajme v krátkosti „duchovnú vieru" prostredníctvom príkladu vyslobodenia Izraelitov z Egypta. Izraeliti boli svedkami a zažili desať Božích rán. Boli svedkami rozdelenia Červeného mora na polovicu a utopenia faraóna a jeho armády v ňom. Zažili Božiu pomoc prostredníctvom oblačného stĺpu vo dne a ohnivému stĺpu v noci. Každý deň jedli mannu z neba, počuli hlas Boha, ktorý sedel v oblakoch a videli Jeho ohnivé diela. Pili vodu zo skaly potom, čo Mojžiš po nej udrel a videli, ako sa horká voda v Mare zmenila na sladkú. Aj keď opakovane boli svedkami diel a znamení živého Boha, ich viera nebola Bohu ani príjemná, ani prijateľná. A tak nakoniec nemohli vstúpiť do zasľúbenej Kananejskej zeme (Nm. 20:12).

Na jednej strane, viera človeka bez skutkov, bez ohľadu na to, do akej miery človek pozná Božie Slovo a bol svedkom Jeho diel a zázrakov alebo o nich počul, nie je pravá viera. Na druhej strane, ak budeme mať duchovnú vieru, neprestaneme sa učiť Božie Slovo; neprestaneme konať podľa Slova; obrežeme si srdce a budeme sa vyhýbať každému druhu zla. Či máme „veľkú" alebo „malú" vieru, je určené podľa toho, do akej miery sme poslušní Božiemu Slovu, správame sa a žijeme podľa neho a podobáme sa Božiemu srdcu.

Opakované neuposlúchnutie v dôsledku arogancie

Po tejto stránke mala žena malú vieru. Chvíľu sa snažila obrezávať si srdce, ale nedokázala sa úplne zbaviť zla. Navyše, pretože bola v pozícii kázať Božie Slovo, o to arogantnejšou sa stala.

Žena si myslela, že má pravú a veľkú vieru. Zašla až tak ďaleko, že bola presvedčená, že Božia vôľa nemôže byť splnená alebo vykonaná bez jej prítomnosti alebo pomoci. Stále častejšie namiesto toho, aby vzdávala slávu Bohu za Bohom dané dary, chcela to pripísať sebe. Navyše používala Boží majetok na uspokojovanie túžob svojej hriešnej prirodzenosti.

Opakovane pokračovala v neposlušnosti. Aj keď vedela, že Božou vôľou bolo, aby išla smerom na východ, ona zamierila na západ. Tak, ako Boh opustil Saula, prvého kráľa Izraela, kvôli jeho neposlušnosti (1 Sam. 15:22-23), opakovaná neposlušnosť ľudí iba spôsobí, že Boh od nich odvráti svoju tvár, aj keď boli kedysi používaní ako Boží nástroj na uskutočnenie a rozšírenie Božieho kráľovstva.

Vzhľadom k tomu, že žena poznala Slovo, bola si vedomá svojich hriechov a opakovane sa kajala. Ale jej modlitby pokánia boli len na perách, nevychádzali zo srdca. Nakoniec opakovane páchala rovnaké hriechy, a tým naďalej zvyšovala múr hriechu medzi ňou a Bohom.

2 Pt. 2:22 nám hovorí: *„Prihodilo sa im to, čo hovorí pravdivé príslovie: Pes sa k tomu vrátil, čo vyvrátil a umyté prasa váľa sa v blate zasa."* Po kajaní sa z hriechov znova páchala tie isté hriechy.

Nakoniec, pretože bola uväznená vo vlastnej arogancii, lakomosti a nespočetných hriechoch, Boh od nej odvrátil svoju tvár a ona sa stala nástrojom Satana v boji proti Bohu.

Keď je daná posledná príležitosť k pokániu

Všeobecne platí, že ľuďom, ktorí sa rúhajú, hovoria alebo bojujú proti Duchu Svätému, nemôže byť odpustené. Už nikdy nedostanú príležitosť k pokániu a skončia v dolnom podsvetí.

Ale v prípade tejto ženy to bolo inak. Napriek všetkým hriechom a zlu, ktoré znovu a znovu zranili Boha, ešte stále jej dáva poslednú šancu k pokániu. To je preto, lebo žena bola kedysi neoceniteľným nástrojom Boha pre Jeho kráľovstvo. Aj keď žena opustila svoje povinnosti a prísľub slávy a odmeny v nebi, pretože sa Bohu veľmi zapáčila, On jej dáva ešte jednu poslednú šancu.

Ešte stále bojuje proti Bohu a Duch Svätý sa z nej vytratil. Avšak, cez zvláštnu Božiu milosť má táto žena ešte jednu poslednú príležitosť k pokániu a získať spásu skrze mučeníctvo počas veľkého súženia.

Jej myšlienky sú stále pod kontrolou Satana, ale po nadšení príde k rozumu. Pretože tak dobre pozná Božie Slovo, tiež dobre pozná cestu vpred. Potom, čo si uvedomí, že jediný spôsob, ako získať spásu, je mučeníctvo, bude dôkladne ľutovať, spojí sa s kresťanmi ponechanými na zemi, bude uctievať, chváliť a modliť sa s nimi a pripravovať sa na svoje mučeníctvo.

Mučenícka smrť a hanebné spasenie

Až nadíde čas, odmietne prijať znak 666 a následne bude mučená ľuďmi riadenými Satanom. Vrstvu po vrstve jej budú zlupovať kožu. Dokonca jej ohňom spália najmäkšie a najintímnejšie časti tela. Vymyslia taký spôsob mučenia, ktorý bude najbolestivejší a bude trvať najdlhšie. Čoskoro sa miestnosť naplní zápachom spáleného mäsa. Jej telo bude od hlavy po päty pokryté krvou, bude visieť dole hlavou a jej tvár bude tmavomodrej farby pripomínajúcej mŕtvolu.

Ak dokáže vydržať toto mučenie až do konca, aj napriek nespočetným hriechom a zlu v minulosti, dosiahne aspoň hanebné spasenie a vstúpi do raja. V raji, ktoré je na okraji neba a je najvzdialenejším miestom od Božieho trónu, žena bude nariekať a oplakávať skutky, ktoré vykonala počas tohto života. Samozrejme, že bude vďačná a radostná za to, že bola spasená.

Ale ešte dlho bude ľutovať a túžiť po Novom Jeruzaleme, hovoriac: „Len keby som opustila zlo a vykonávala Božiu povinnosť z celého srdca, bola by som na najslávnejšom mieste v Novom Jeruzaleme..." Keď uvidí ako ľudia, ktorých poznala v tomto živote, žijú v Novom Jeruzaleme, navždy sa bude hanbiť.

Ak prijme znak 666

Ak však nevydrží mučenie a pred začiatkom tisícročia prijme znak šelmy, bude hodená do dolného podsvetia a potrestaná ukrižovaním na kríži po pravej strane za Judášom Iškariotským. Jej trestami v dolnom podsvetí budú opakovania mučení, ktorými si prešla počas veľkého súženia. Viac ako tisíc rokov bude jej pokožka strhávaná z tela a bude opakovane spaľovaná ohňom.

Poslovia pekla a všetci tí, ktorí nasledujúc ženu páchali zlo, budú mučiť túto ženu. Tiež budú potrestaní v súlade s ich zlými skutkami a na nej si budú vybíjať bolesť a hnev.

Duše sú mučené týmto spôsobom v dolnom podsvetí až do konca tisícročia. Po rozsudku budú tieto duše hodené do pekla, ktoré horí ohňom a sírou, kde na nich čakajú ťažšie tresty.

Kristov druhý príchod a tisícročie

Ako už bolo spomenuté vyššie, Ježiš Kristus sa vráti vo vzduchu a tí, ktorí budú uchvátení do vzduchu, budú sa spolu s Ním tešiť zo sedemročnej svadobnej hostiny, zatiaľ čo na zemi

Peklo

bude veľké súženie riadené zlými duchmi, ktorí boli vyhnaní zo vzduchu. Potom sa Ježiš Kristus vráti na zem a začne sa tisícročie. Počas tejto doby budú zlí duchovia uväznení v priepasti. Tí, ktorí sa zúčastnia sedemročnej svadobnej hostiny a tí, ktorí zomreli mučeníckou smrťou počas veľkého súženia, budú tisíc rokov vládnuť na zemi s Ježišom Kristom a deliť sa s Ním o lásku.

Blahoslavený a svätý, kto má podiel na prvom vzkriesení! Nad tými druhá smrť nemá moci, ale budú kňazmi Boha a Krista a budú s ním kraľovať tisíc rokov (Zjv. 20:6).

Počas tisícročia bude na zemi žiť malé množstvo telesných ľudí, ktorí prežili veľké súženie. Avšak tí, ktorí už zomreli bez získania spásy, budú aj naďalej mučení v dolnom podsvetí.

Tisíročné kráľovstvo

Keď sa začne tisícročie, ľudia sa budú tešiť z pokojného života ako za dní života v raji Edenu, pretože tam nebude žiadny zlý duch. Ježiš Kristus a spasení duchovní ľudia budú žiť oddelene od telesných ľudí v meste, pripomínajúcom hrady kráľov. Duchovní ľudia budú žiť v meste a telesní ľudia, ktorí prežili veľké súženie, budú žiť mimo toto mesto.

Pred začiatkom tisícročia Ježiš Kristus vyčistí zem. Vyčistí znečistený vzduch a obnoví stromy, rastliny, vrchy a potoky. Vytvorí krásnu prírodu.

Telsní ľudia budú rodiť tak často a toľkokrát, ako je len možné, pretože ich bude málo. V dôsledku čistého vzduchu a neprítomnosti zlého ducha nebudú žiadne choroby a zlo. Počas tejto doby nebude nespravodlivosť a zlo v srdciach telesných ľudí, pretože zlí duchovia, ktorí sú pôvodcami zla, budú uväznení v priepasti. Rovnako ako to bolo za dní pred Noemom, ľudia budú žiť stovky rokov. Zem sa čoskoro na dobu tisíc rokov naplní mnohými ľuďmi. Ľudia nebudú jesť mäso, len ovocie, pretože nebude žiadne zabíjanie.

Bude im trvať veľmi dlho, kým dosiahnu úroveň dnešného vedeckého pokroku, pretože veľké množstvo civilizácie bude zničené vo vojnách počas veľkého súženia. S postupom času a s narastajúcou múdrosťou a poznaním môže množstvo populácie dosiahnuť dnešnú hodnotu.

Duchovní ľudia a telesní ľudia prebývajú spoločne

Duchovní ľudia, ktorí žijú na zemi s Ježišom Kristom, nemusia prijímať stravu ako telesní ľudia, pretože ich telá už boli premenené na vzkriesené duchovné telá. Obvykle konzumujú vôňu kvetín a iné vône, ale ak chcú, môžu jesť rovnakú stravu ako telesní ľudia. Ale duchovní ľudia si nevychutnávajú fyzické jedlo, a aj keď ho jedia, nevylučujú odpad spôsobom ako telesní ľudia. Tak ako vzkriesený Ježiš vydýchol, keď zjedol kus ryby, jedlo, ktoré duchovní ľudia skonzumujú, rozloží sa do vzduchu prostredníctvom dýchania.

Duchovní ľudia tiež hlásajú a svedčia o Ježišovi Kristovi

Peklo

telesným ľuďom, aby na konci tisícročia, keď budú zlí duchovia nakrátko vypustení z priepasti, telesní ľudia neboli v pokušení. Deň rozsudku ešte nenastal, a tak Boh neuväznil zlých duchov v priepasti naveky, ale len na tisíc rokov (Zjv. 20:3).

Na konci tisícročia

Keď sa tisícročie skončí, budú nakrátko vypustení zlí duchovia, ktorí boli uväznení v priepasti na tisíc rokov. Začnú pokúšať a klamať telesných ľudí, ktorí žili v pokoji. Väčšina telesných ľudí bude v pokušení a budú oklamaní bez ohľadu na to, ako veľmi ich duchovní ľudia učili opaku. Aj keď ich duchovní ľudia varovali podrobne o všetkom, čo má prísť, telesní ľudia budú v pokušení a rozhodnú sa postaviť a viesť vojnu proti duchovným ľuďom.

Až sa dovŕši tisíc rokov, bude satan uvoľnený zo svojho väzenia a vyjde, aby zvádzal národy, ktoré sú na štyroch uhloch zeme, Goga a Magoga, aby ich zhromaždil do boja; a bude ich ako piesku v mori. Vyšli na šíru zem a obkľúčili tábor svätých a Bohom milované mesto. Ale zostúpil oheň z neba a strávil ich (Zjv. 20:7-9).

Ale po rozsudku veľkého bieleho trónu Boh ohňom zničí telesných ľudí, ktorí viedli vojnu a zlých duchov, ktorí boli nakrátko prepustení, hodí späť do priepasti.

Na konci budú aj telesní ľudia, ktorí sa počas tisícročia veľmi

Spasenie počas veľkého súženia

rozmnožili, súdení Božou spravodlivosťou. Na jednej strane, všetci ľudia, ktorí nezískali spásu – medzi nimi sú aj tí, ktorí prežili sedemročné veľké súženie – budú uvrhnutí do pekla. Na druhej strane, tí, ktorí získali spásu, vstúpia do neba, a podľa ich viery budú rozmiestnení na rôznych miestach v nebi, napríklad, v Novom Jeruzaleme, raji, a tak ďalej.

Po rozsudku veľkého bieleho trónu bude duchovný svet rozdelený na nebo a peklo. Vysvetlím to bližšie v nasledujúcej kapitole.

Príprava stať sa Pánovou krásnou nevestou

Aby ste počas veľkého súženia neboli ponechaní na zemi, musíte sa pripraviť ako krásna nevesta Ježiša Krista a privítať Ho pri Jeho príchode.

V Mt. 25:1-13 je podobenstvo o desiatich pannách, z ktorého plynie dobré ponaučenie pre všetkých veriacich. Aj keď vyznávate svoju vieru v Boha, nebudete môcť privítať svojho ženícha Ježiša Krista, ak nemáte pripravený olej pre lampu. Päť panien si pripravili olej, aby mohli privítať svojho ženícha a vstúpiť na svadobnú hostinu. Ďalších päť panien si nepripravilo olej, a tak nemohli na hostinu vstúpiť.

Ako sa teda môžeme pripraviť ako päť múdrych panien, aby sme sa stali Pánovou nevestou, vyhli sa veľkému súženiu a zúčastnili sa svadobnej hostiny?

Peklo

Bdieť a vrúcne sa modliť

Aj keď ste noví veriaci a máte slabú vieru, pokiaľ sa pri obriezke vášho srdca snažíte o to najlepšie, Boh vás ochráni aj uprostred ohnivých skúšok. Bez ohľadu na to, aké ťažké sú okolnosti, Boh vás zabalí do deky života, a tak vám pomôže prekonať všetky skúšky s ľahkosťou.

Ale Boh nemôže ochrániť ľudí, ktorí kedysi boli veriacimi, vykonávali Bohom dané povinnosti a Božie Slovo dobre poznajú, ak sa prestanú modliť, prestanú sa chcieť očisťovať a prestanú s obriezkou srdca.

Keď budete čeliť ťažkostiam, musíte byť schopní rozoznať hlas Ducha Svätého, aby ste ich prekonali. Ale ak sa nemodlíte, ako budete načúvať hlasu Ducha Svätého a viesť víťazný život? Keďže nebudete úplne naplní Duchom Svätým, stále viac sa budete spoliehať na vlastné myšlienky a z času na čas sa pokúšaní Satanom potknete.

Navyše teraz, keď sa blíži koniec vekov, zlí duchovia sliedia okolo ako revúce levy a hľadajú koho, by zničili, pretože vedia, že aj ich koniec je blízko. Často vidíme lenivého študenta, ako sa posledné dni pred skúškou bifľuje a po nociach nespí. A takisto, ak ste veriacimi, ktorí sú si vedomí, že žijeme v dňoch, ktoré vedú ku koncu vekov, musíte bdieť a pripraviť sa ako krásna nevesta Pána.

Opustiť zlo a podobať sa Pánovi

Akí ľudia bdejú? Vždy sa modlia a vždy sú plní Ducha

Svätého, veria v Božie Slovo a žijú podľa Jeho Slova. Keď budete neustále bdieť, budete vždy komunikovať s Bohom, takže nemôžete byť pokúšaní zlými duchmi. Okrem toho môžete ľahko prekonať všetky skúšky, pretože Duch Svätý vám vopred oznámi veci, ktoré majú prísť, vedie vašu cestu a pomáha vám pochopiť slovo pravdy. Ale tí, ktorí nebdejú, nemôžu počuť hlas Ducha Svätého, a tak sú ľahko Satanom pokušaní a idú cestou smrti. Bdieť znamená obrezať si srdce, správať sa a žiť podľa Božieho Slova a stať sa svätým. Zjv. 22:14 nám hovorí: *„Blahoslavení sú tí, čo si vypierajú rúcha: budú mať moc nad stromom života a budú môcť vstúpiť bránami mesta."* V tejto pasáži „rúcho" odkazuje na formálne oblečenie. Duchovne „rúcho" predstavuje vaše srdce a vaše správanie. „Vypierať si rúcha" symbolizuje odvrhnutie zla a nasledovanie Božieho Slova, aby ste sa stali duchovnými a stále viac sa podobali Ježišovi Kristovi. Tí, ktorí sú týmto spôsobom svätí, získali právo vstúpiť bránami neba a tešiť sa z večného života.

Ľudia, ktorí si vyprali rúcha vo viere

Ako si môžeme dôkladne vyprať naše rúcha? Najprv si musíte obrezať svoje srdcia slovom pravdy a vrúcnou modlitbou. Inými slovami, musíte odhodiť nepravdu a zlo z vášho srdca a naplniť ho len pravdou. Rovnako ako umývate špinu z vášho odevu čistou vodou, mali by ste zmyť špinavé hriechy, nezákonnosť a zlo z vášho srdca Božím Slovom – vodou života – a obliecť si

Peklo

šaty pravdy a pripomínať srdce Ježiša Krista. Boh požehná každého, kto preukázal vieru v skutku a obrezal si srdce.

Zjv. 3:5 nám hovorí: *„Kto zvíťazí, ten takto bude oblečený do bieleho rúcha a jeho meno nevymažem z knihy života, ale vyznám jeho meno pred svojím Otcom a pred jeho anjelmi."* Ľudia, ktorí vierou prekonajú svet a chodia v pravde, budú mať večný život v nebi, pretože majú srdce pravdy a nie je v nich žiadne zlo.

Ľudia, ktorí bývajú v temnote, nemajú s Bohom nič spoločné, bez ohľadu na to, ako dlho sú kresťanmi, pretože síce budú mať meno, ako keby žili, ale sú mŕtvi (Zjv. 3:1). Preto svoju nádej majte vždy len v Bohu, ktorý nesúdi náš zovňajšok, ale skúma len naše srdce a skutky. Taktiež sa vždy modlite a počúvajte Božie Slovo, aby ste dosiahli dokonalú spásu.

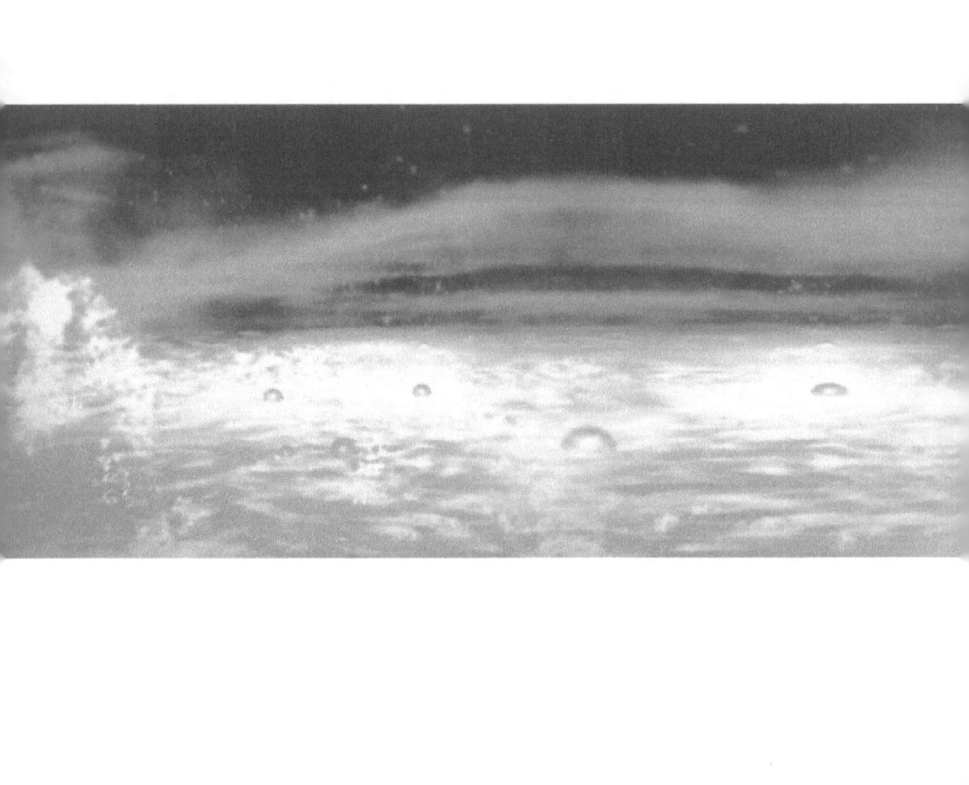

Kapitola 8

Trest v pekle po poslednom súde

Nespasené duše idú po poslednom súde do pekla

Ohnivé jazero a jazero horiacej síry

Niektorí zostanú v dolnom podsvetí aj po poslednom súde

Zlí duchovia budú uväznení v priepasti

Kde skončia démoni?

*„Kde ich červ neumiera a oheň nevyhasína.
Každý bude solený ohňom."*
- Mk. 9:48-49 -

*„Diabol, ktorý ich zvádzal,
bol vrhnutý do ohnivého a sírového jazera,
kde bola aj šelma a falošný prorok.
Tam budú mučení vo dne v noci na veky vekov."*
- Zjv. 20:10 -

Trest v pekle po poslednom súde

S príchodom Krista sa na tejto zemi začne tisícročie a po ňom nastane rozsudok veľkého bieleho trónu. Rozsudok – ktorý rozhodne o nebi alebo pekle a o odmenách alebo trestoch – bude súdiť každého človeka podľa toho, čo urobil počas tohto života. A tak sa niektorí ľudia budú tešiť z večného šťastia v nebi a iní budú naveky mučení v pekle. Poďme sa ponoriť do rozsudku veľkého bieleho trónu, ktorý rozhodne, či pôjdete do neba, alebo do pekla, a akým miestom je peklo.

Nespasené duše idú po poslednom súde do pekla

Keď som sa v júli 1982 modlil pred začatím mojej služby, podrobne som sa dozvedel o rozsudku veľkého bieleho trónu. Boh mi ukázal scénu, v ktorej sedel na Jeho tróne, Pán Ježiš Kristus a Mojžiš stáli pred trónom s tými, ktorí vystupovali ako porota. Aj keď Boh súdi s presnosťou a spravodlivosťou, ktoré sú neporovnateľné s nijakým sudcom na tomto svete, rozhoduje spolu s Ježišom Kristom ako advokátom lásky, Mojžišom ako zástupcom zákona a ľuďmi ako porotcami.

Pekelné tresty sú rozhodnuté na poslednom súde

Zjv. 20:11-15 nám hovorí, že Boh súdi s presnosťou a spravodlivosťou. Rozsudok sa vykonáva s knihou života, v ktorej sú zaznamenané mená spasených ľudí, a tiež s knihami, v ktorých je zapísaný každý skutok ľudí.

Peklo

Potom som videl veľký biely trón a toho, čo na ňom sedel. Pred jeho pohľadom utiekla zem i nebo a už pre ne nebolo miesta. Videl som mŕtvych, veľkých i malých; stáli pred trónom a otvorili sa knihy. Otvorila sa aj iná kniha, kniha života. A mŕtvi boli súdení z toho; čo bolo zapísané v knihách podľa ich skutkov. More vydalo mŕtvych, čo boli v ňom, aj smrť aj podsvetie vydali mŕtvych, čo boli v nich, a každý bol súdený podľa svojich skutkov. Potom boli smrť a podsvetie zvrhnuté do ohnivého jazera. Toto je druhá smrť: ohnivé jazero. A koho nenašli zapísaného v knihe života, bol zvrhnutý do ohnivého jazera.

„Mŕtvi" tu odkazuje na všetkých ľudí, ktorí neprijali Krista za svojho Spasiteľa alebo majú mŕtvu vieru. Keď nadíde čas podľa Božieho výberu, „mŕtvi" ožijú a postavia sa pred Boží trón, aby boli súdení. Pred Božím trónom bude otvorená kniha života.

Okrem knihy života, v ktorej sú zaznamenané názvy všetkých spasených ľudí, existujú aj iné knihy, do ktorých sa zaznamenáva každý skutok človeka. Anjeli zapisujú všetko, čo robíme, hovoríme a myslíme si, t.j. preklíname ostatných, bijeme niekoho, nahneváme sa, konáme dobro, a tak ďalej. Rovnako ako môžete dlhú dobu uchovávať živé záznamy niektorých akcií a dialógov nahratých videokamerou alebo rekordérmi rôznych typov, všemohúci Boh tiež uchováva každú scénu života človeka na zemi.

Preto Boh bude v súdny deň súdiť spravodlivo podľa záznamov v týchto knihách. Tí, ktorí neboli spasení, budú súdení podľa ich zlých skutkov a v pekle budú naveky trpieť rôznymi druhmi trestov podľa závažnosti ich hriechov.

Ohnivé jazero alebo jazero horiacej síry

Časť „more vydalo mŕtvych, čo boli v ňom" neznamená, že more vydalo tých, ktorí sa v ňom utopili. „More" duchovne odkazuje na svet. To znamená, že tí, ktorí žili na svete a vrátili sa do prachu, budú vzkriesení, aby mohli byť súdení pred Bohom.

Čo teda znamená: „aj smrť, aj podsvetie vydali mŕtvych, čo boli v nich"? To znamená, že tí, ktorí trpeli v dolnom podsvetí, nazývanom len podsvetie, budú tiež vzkriesení a stáť pred Bohom, aby boli súdení. Po vynesení rozsudku väčšina ľudí, ktorí trpeli v dolnom podsvetí, budú hodení do ohnivého jazera alebo do jazera horiacej síry v závislosti od závažnosti ich hriechov, pretože, ako bolo uvedené vyššie, tresty dolného podsvetia pokračujú až do rozsudku veľkého bieleho trónu.

Ale zbabelci, neveriaci, poškvrnení, vrahovia, smilníci, traviči, modloslužobníci a všetci luhári budú mať podiel v jazere horiacom ohňom a sírou; to je tá druhá smrť (Zjv. 21:8).

Tresty v ohnivom jazere nemôžu byť porovnávané s trestami v dolnom podsvetí. Je to opísané v Mk. 9:47-49: „*A ak ťa zvádza na hriech tvoje oko, vylúp ho: je pre teba lepšie, keď vojdeš do Božieho kráľovstva s jedným okom, ako keby ťa mali s obidvoma očami vrhnúť do pekla, kde ich červ neumiera a*

Peklo

oheň nezhasína. Lebo každý bude ohňom solený." Navyše jazero horiacej síry je sedemkrát horúcejšie ako ohnivé jazero.

Až do rozsudku sú ľudia trhaní hmyzom a zvermi, mučení poslami pekla alebo trpia rôznymi druhmi trestov v dolnom podsvetí, ktoré slúži ako čakáreň na ceste do pekla. Po rozsudku ich čaká už len bolesť v ohnivom jazere a v jazere horiacej síry.

Utrpenie v ohnivom jazere alebo v jazere horiacej síry

Keď som hlásal tieto správy o príšernom vzhľade dolného podsvetia, mnohí členovia mojej cirkvi neboli schopní zadržať slzy alebo sa rozplakali nad tými, ktorí padli na také úbohé miesto. Ale utrpenie z trestov v ohnivom jazere a v jazere horiacej síry je oveľa väčšie než akýkoľvek trest v dolnom podsvetí. Viete si aspoň trochu predstaviť veľkosť mučenia? Aj keď sa snažíme, máme veľmi obmedzené možnosti pochopiť duchovné pojmy, pretože sme ešte stále v tele.

Ako môžeme pochopiť slávu a krásu neba v plnom rozsahu? Slovo „večnosť" samo o sebe nie je niečo, čo poznáme, a tak sme nútení len predpokladať. Aj keď sa snažíme predstaviť si život v nebi, založený na „radosti", „šťastí", „očarení", „kráse", a podobne, nie je porovnateľný so skutočným životom, ktorý jedného dňa budeme v nebi žiť. Keď pôjdete do neba, všetko uvidíte na vlastné oči a okúsite život, nebudete schopní zo seba vydať ani hlásku. A rovnako, ak skutočne nezažijeme muky pekla, nemôžeme nikdy plne pochopiť veľkosť a množstvo utrpenia, ktoré je nad chápanie tohto sveta.

Tí, ktorí padnú do ohnivého jazera a jazera horiacej síry

Aj keď sa budem snažiť zo všetkých síl, majte, prosím vás, na pamäti, že peklo nie je miesto, ktoré môže byť dostatočne opísané slovami tohto sveta, a aj keď ho vysvetlím najlepšie, ako viem, môj popis bude predstavovať menej ako jednu milióntinu hroznej reality pekla. Navyše, keď si odsúdené duše uvedomia, že doba mučenia je neobmedzená a bude trvať naveky, trpia ešte viac.

Po rozsudku veľkého bieleho trónu, tí, ktorí dostali prvú a druhú úroveň trestu v dolnom podsvetí, budú uvrhnutí do ohnivého jazera. Tí, ktorí dostali tretiu a štvrtú úroveň trestov, budú uvrhnutí do jazera horiacej síry. Duše, ktoré sú v súčasnosti v dolnom podsvetí, vedia, že rozsudok ešte len príde a tiež vedia, kde po rozsudku skončia. Dokonca, aj keď sú hmyzom a poslami pekla trhaní na kúsky, tieto duše môžu z diaľky vidieť ohnivé jazero a jazero horiacej síry v pekle a sú si dobre vedomí toho, že tam budú mučení.

Preto duše v dolnom podsvetí trpia nielen ich súčasnou bolesťou, ale aj duševnými mukami v strachu z vecí, ktoré prídu po rozsudku.

Nariekanie duše v dolnom podsvetí

Kým som sa modlil za zjavenie o pekle, skrze Ducha Svätého mi Boh dovolil, aby som počul nariekanie duše v dolnom podsvetí. Pri čítaní každého slova náreku sa snažte cítiť aj trochu

Peklo

strachu a zúfalstva, ktoré napĺňali túto dušu.

Ako toto môže byť postava človeka?
Takto som nevyzeral počas môjho života na Zemi.
Môj vzhľad je tu odporný a nechutný!

Ako sa môžem vyslobodiť
z tejto nekonečnej bolesti a zúfalstva?
Čo môžem urobiť, aby som sa tomu vyhol?
Môžem zomrieť? Čo mám robiť?
Môžem si oddýchnuť hoci len na chvíľu
uprostred tohto večného trestu?
Existuje nejaký spôsob, ako skrátiť tento prekliaty život v tejto neznesiteľnej bolesti?

Ubližujem si, aby som sa zabil, ale nemôžem zomrieť.
Neexistuje žiadny koniec... jednoducho neexistuje žiadny koniec...
Neexistuje žiadny koniec mučeniu mojej duše.
Neexistuje žiadny koniec môjho večného života.
Ako to môžem popísať slovami?
Čoskoro budem hodený
do širokého a bezodného ohnivého jazera.
Ako to mám vydržať?

Mučenie je tu neznesiteľné už také, aké je!
Toto zúrivé ohnivé jazero je
také hrozné, také hlboké a také horúce.

Ako to mám vydržať?
Ako tomu môžem uniknúť?
Ako môžem uniknúť tomu mučeniu?

Keby som mohol žiť...
Keby pre mňa existoval spôsob, ako žiť...
Keby som sa mohol znova narodiť...
Mohol by som aspoň nájsť cestu von,
ale nič nevidím.

Tu pre mňa existuje iba tma, zúfalstvo a bolesť,
a len frustrácia a utrpenie.
Ako mám znášať toto utrpenie?
Keby On otvoril dvere života...
Keby som našiel cestu, ako tomuto uniknúť...

Prosím Ťa, zachráň ma. Prosím ťa, zachráň ma.
Je to príliš desivé a ťažké, aby som to vydržal.
Prosím Ťa, zachráň ma. Prosím Ťa, zachráň ma.
Moje dni boli zatiaľ bolestivé a zraňujúce.
Ako môžem ísť do ohnivého jazera?
Prosím Ťa, zachráň ma!
Prosím Ťa, pozri sa na mňa!
Prosím Ťa, zachráň ma!
Prosím Ťa, zmiluj sa nado mnou!
Prosím Ťa, zachráň ma!
Prosím Ťa, zachráň ma!

Peklo

Akonáhle ste uvrhnutí do dolného podsvetia

Po ukončení života na zemi nikto nedostane „druhú šancu." Čaká vás iba odplata za každý váš skutok.

Keď ľudia počujú o existencii neba a pekla, niektorí hovoria: „Dozviem sa o tom, keď zomriem." Ale to je príliš neskoro. Vzhľadom k tomu, že keď zomriete, neexistuje cesta späť, musíte o tom vedieť s istotou predtým, ako zomriete.

Akonáhle ste uvrhnutí do dolného podsvetia, bez ohľadu na to, ako veľmi budete ľutovať, kajať sa a prosiť Boha, nemôžete sa vyhnúť nevyhnutným a hrozným trestom. Nie je tam žiadna nádej na budúcnosť, ale len nekonečné utrpenie a zúfalstvo.

Duša, ktorá narieka, ako je uvedené vyššie, vie veľmi dobre, že neexistuje spôsob alebo možnosť spásy. Napriek tomu duša volá k Bohu „čo ak." Duša prosí o milosť a spásu. Tento výkrik duše sa zmení na ostrý vreskot a tento vreskot sa rozlieha celým peklom a potom zanikne. Samozrejme, že nedostáva žiadnu odpoveď.

Avšak, pokánie ľudí v dolnom podsvetí nie je úprimné a horlivé, aj keď zdanlivo ľutujú veľmi žalostne. Keďže zlo v ich srdciach stále zostáva a vedia, že ich výkriky nevedú k ničomu, tieto duše vyžarujú viac zla a preklínajú Boha. To iba potvrdzuje, prečo títo ľudia nemohli vstúpiť do neba.

Ohnivé jazero a jazero horiacej síry

V dolnom podsvetí môžu duše aspoň prosiť, výčitať si a

Trest v pekle po poslednom súde

nariekať, pýtajúc sa samých seba: „Prečo som tu?" Boja sa ohnivého jazera a premýšľajú o spôsoboch, ako uniknúť utrpeniu: „Ako môžem uniknúť tomuto poslovi pekla?"

Akonáhle sú ľudia uvrhnutí do ohnivého jazera, kvôli trýznivej a nekonečnej bolesti nedokážu myslieť na nič iné. Tresty v dolnom podsvetí boli relatívne ľahké v porovnaní s trestami v ohnivom jazere. Tresty v ohnivom jazere sú nepredstaviteľne bolestivé. Je to také bolestivé, že to nemôžeme pochopiť ani predstaviť si našimi obmedzenými schopnosťami.

Ak si chcete predstaviť aspoň trochu mučenia, dajte na horúcu panvicu soľ. Soľ začne praskať a to pripomína scénu z ohnivého jazera: duše sú ako praskajúca soľ.

Tiež si predstavte, že ste v bazéne s vriacou vodou s teplotou 100°C. Ohnivé jazero je oveľa horúcejšie ako vriaca voda a jazero horiacej síry je sedemkrát horúcejšie ako ohnivé jazero. Keď ste doň hodení, neexistuje spôsob úniku a budete tam naveky trpieť.

Je ľahšie vydržať tresty prvej, druhej, tretej a štvrtej úrovne v dolnom podsvetí, kde duše trpia pred rozsudkom.

Prečo ich Boh predtým, ako ich uvrhne do ohnivého jazera alebo do jazera horiacej síry, nechá trpieť v dolnom podsvetí tisíc rokov? Nespasení ľudia sa pozrú do seba. Boh chce, aby si uvedomili, z akého dôvodu boli odsúdení na také nešťastné miesto ako peklo a dôkladne konali pokánie za hriechy z minulosti. Ale je veľmi ťažké nájsť ľudí, ktorí konajú pokánie a radšej konajú viac zla než kedykoľvek predtým. Teraz už vieme, prečo Boh musel stvoriť peklo.

Peklo

Byť ohňom solený v ohnivom jazere

Kým som sa modlil v roku 1982, Boh mi ukázal scénu z rozsudku veľkého bieleho trónu a v krátkosti aj ohnivé jazero a jazero horiacej síry. Tieto dve jazerá boli veľmi veľké. Z diaľky tieto dve jazerá a duše v nich vyzerali ako ľudia v horúcich prameňoch. Niektorí ľudia boli ponorení po hruď, iní po krk a vytŕčali im len hlavy. V Mk. 9:48-49 Ježiš hovoril o pekle ako o mieste *„kde ich červ neumiera a oheň nezhasína. Lebo každý bude ohňom solený."* Viete si predstaviť bolesť v takom hroznom prostredí? Keď sa tieto duše pokúsia utiecť, jediné, čo dokážu urobiť, je vyskočiť ako praskajúca soľ a škrípať zubami.

Niekedy ľudia na tomto svete pri hre alebo tanci neskoro večer v nočných kluboch skáču hore a dole. Po chvíli sa unavia, a ak chcú, tak si oddýchnu. V pekle duša neskáče z radosti, ale kvôli extrémnej bolesti a samozrejme si nemôžu oddýchnuť, ani keby chcela. Od bolesti kričí tak nahlas, že čoskoro zoslabne a jej oči sa zmenia na tmavomodré a príšerne krvavé. Navyše jej praskne mozog a vytečú všetky tekutiny.

Duše sa nemôžu dostať von bez ohľadu na to, ako zúfalo sa snažia. Snažia sa navzájom sa odstrčiť a šliapať po sebe, ale je to zbytočné. Každý centimeter ohnivého jazera, kde z jedného konca nedovidíte na druhý koniec, má rovnakú teplotu a teplota jazera neklesá ani v priebehu času. Až do rozsudku veľkého bieleho trónu je dolné podsvetie riadené Luciferom a všetky tresty sú rozdeľované podľa Luciferovej moci a autority.

Ale po rozsudku budú tresty dávané Bohom a uskutočnené

podľa Jeho prozreteľnosti a moci. A tak teplota celého ohnivého jazera zostane naveky na rovnakej úrovni.

Tento oheň spôsobí dušiam utrpenie, ale nezabije ich. Rovnako ako sa obnovia časti tela duší v dolnom podsvetí aj potom, čo boli odrezané alebo roztrhané na kúsky, aj telá duší spálených v pekle sa rýchlo obnovia.

Spálené celé telo a aj orgány

Ako sú potrestané duše v ohnivom jazere? Už ste niekedy videli scénu z komiksov, animovaných filmov alebo kreslených seriálov v televízii, v ktorom je postava zasiahnutá elektrickým prúdom vysokého napätia? V okamihu, keď telom prejde elektrický prúd, zmení sa na kostru s tmavým obrysom okolo. Keď je od toku elektriny odtiahnutá, vyzerá normálne. Alebo röntgenový snímok, ktorý zobrazuje vnútorné časti ľudského tela.

Podobným spôsobom aj duše v ohnivom jazere majú v jednom okamihu fyzickú podobu a v ďalšom sú tieto telá neviditeľné a sú viditeľné len ich duše. Tento jav sa opakuje. V prudkom ohni sú v okamihu telá duší spálené a zmiznú, a potom sa čoskoro znova obnovia.

Keď na tomto svete trpíte tretím stupňom popálenín, nemusíte byť schopní vydržať dusivý pocit po celom tele a zošaliete. Nikto iný nemôže pochopiť stupeň tejto bolesti, až kým ju sám neokúsi. Nemusíte byť schopný znášať bolesť ani z popálenia ramien.

Všeobecne platí, že dusivý pocit nezmizne krátko po

Peklo

popálení, ale trvá ešte niekoľko dní. Teplo ohňa preniká do tela a poškodzuje bunky, niekedy aj srdce. O koľko bolestnejšie bude spálenie všetkých častí tela a vnútorných orgánov, len na to, aby o chvíľu boli obnovené a znova spálené?
Duše v ohnivom jazere nemôžu vydržať bolesť, ale nemôžu omdlieť, zomrieť ani si na okamih oddýchnuť.

Jazero horiacej síry

Ohnivé jazero je miestom trestu pre tých, ktorí spáchali relatívne ľahšie hriechy a boli mučení v prvej alebo druhej úrovni trestov v dolnom podsvetí. Tí, ktorí spáchali ťažšie hriechy a trpeli v tretej a štvrtej úrovni trestov v dolnom podsvetí, skončia v jazere horiacej síry, ktoré je sedemkrát horúcejšie ako ohnivé jazero. Ako je uvedené vyššie, jazero horiacej síry je vyhradené pre týchto ľudí: tí, ktorí hovorili, bojovali proti a rúhali sa Duchu Svätému; tí, ktorí opätovne ukrižovali Ježiša Krista; tí, ktorí Ho zradili; tí, ktorí úmyselne pokračovali v páchaní hriechu; extrémni modloslužobníci; tí, ktorí zhrešili potom, čo ich svedomie bolo spálené; všetci tí, ktorí bojovali proti Bohu zlými skutkami a falošní proroci a učitelia, ktorí učili lži.

Celé ohnivé jazero je naplnené „červeným" ohňom. Jazero horiacej síry je naplnené viac „žltým" ako „červeným" ohňom a neustále vrie s bublinami veľkosti tekvíc. Duše v tomto jazere sú úplne ponorené do vriacej tekutiny horiacej síry.

Premoženie bolesťou

Ako môžete vysvetliť bolesť v jazere horiacej síry, ktoré je sedemkrát horúcejšie ako ohnivé jazero, v ktorom je tiež nepredstaviteľná bolesť? Dovoľte mi vysvetliť analógiu vecí na tomto svete. Aké by to bolo bolestivé, ak by niekto vypil tekutinu, ktorá vznikne roztavením železa vo vysokej peci? Jeho vnútorné orgány budú spálené, ak žiara, dostatočne horúca na roztavenie tvrdého železa na kvapalinu, pretečie jeho krkom do žalúdka.

V ohnivom jazere duša môže aspoň skákať alebo kričať od bolesti. V jazere horiacej síry duša nemôže nariekať ani premýšľať, ale iba trpieť bolesťou. Miera utrpenia a bolesti v jazere horiacej síry sa nedá opísať žiadnymi gestami ani slovami. Navyše, duše trpia naveky. Ako teda môžeme tento druh utrpenia opísať slovami?

Niektorí zostanú v dolnom podsvetí aj po poslednom súde

Spasení ľudia zo starozákonnej doby boli v hornom podsvetí, až kým Ježiš Kristus nevstal z mŕtvych. Po Jeho vzkriesení vstúpili do raja a teraz sú v čakárni v raji, kde zostanú až do Jeho druhého príchodu vo vzduchu. Ľudia spasení v novozákonnej dobe sa tri dni prispôsobujú v hornom podsvetí a potom vstúpia do čakárne v raji, kde čakajú na druhý príchod Ježiša Krista vo vzduchu.

Peklo

Ale nenarodené deti, ktoré zomrú v lone ich matiek, nejdú do raja ani po vzkriesení Ježiša Krista, ani po rozsudku. Naveky prebývajú v hornom podsvetí.

Aj medzi tými, ktorí v súčasnosti trpia v dolnom podsvetí, sú výnimky. Tieto duše nebudú hodené ani do ohnivého jazera, ani do jazera horiacej síry ani po rozsudku. Kto sú tieto duše?

Deti, ktoré zomrú pred pubertou

Medzi nespasenými dušami sú ľudské plody zabité interupciou vo veku od šiestich mesiacov a vyššie a deti pred pubertou, vo veku približne dvanásť rokov. Tieto duše nie sú uvrhnuté do ohnivého jazera ani do jazera horiacej síry. To je preto, lebo aj keď idú do dolného podsvetia na základe vlastného zla, v čase smrti nie sú dostatočne vyspelé na to, aby mali nezávislú vlastnú vôľu. To znamená, že ich život vo viere nemusel ísť nutne smerom, ktorý si vybrali, pretože mohli byť ľahko ovplyvnené vonkajšími prvkami, ako sú ich rodičia, predkovia a prostredie.

Boh lásky a spravodlivosti berie do úvahy tieto faktory a ani po rozsudku ich nehodí do ohnivého jazera alebo do jazera horiacej síry. To však neznamená, že ich tresty sa znížia alebo zmiznú. Budú naveky mučené tak, ako boli mučené v dolnom podsvetí.

Keďže mzdou hriechu je smrť

S výnimkou vyššie uvedeného prípadu budú všetci ľudia z

dolného podsvetia uvrhnutí do ohnivého jazera alebo do jazera horiacej síry podľa ich hriechov spáchaných v čase, keď boli kultivovaní na zemi. V Rim. 6:23 sa dočítate: *„Lebo mzdou hriechu je smrť, ale Boží dar je večný život v Kristovi Ježišovi, našom Pánovi."* „Smrť" tu nepredstavuje koniec života na zemi, ale znamená večný trest buď v ohnivom jazere, alebo v jazere horiacej síry. Ukrutné a bolestné muky večného trestu sú mzdou hriechu, a tak viete, že hriech je hrozný, špinavý a odporný.

Ak by ľudia vedeli aspoň niečo o večnom utrpení v pekle, ako by sa nebáli ísť do pekla? Ako by mohli neprijať Ježiša Krista, nepočúvať a nežiť podľa Božieho Slova?

Ježiš nám v Mk. 9:45-47 povedal:

Ak ťa zvádza na hriech tvoja noha, odtni ju: je pre teba lepšie, keď vojdeš do života krivý, ako keby ťa mali s obidvoma nohami hodiť do pekla, kde ich červ neumiera a oheň nezhasína. A ak ťa zvádza na hriech tvoje oko, vylúp ho: je pre teba lepšie, keď vojdeš do Božieho kráľovstva s jedným okom, ako keby ťa mali s obidvoma očami vrhnúť do pekla.

Je pre vás lepšie odrezať si nohu, ak spáchate hriech tým, že pôjdete na miesta, kam by ste nemali ísť, ako padnúť do pekla. Je pre vás lepšie odrezať si ruky, ak spáchate hriech tým, že robíte veci, ktoré by ste nemali robiť, ako ísť do pekla. Podobne, je pre vás lepšie vylúpnuť si oko, ak spáchate hriech tým, že sa pozeráte na veci, ktoré by ste nemali vidieť.

Peklo

Avšak s Božou milosťou, ktorú dostávame zadarmo, nemusíme si odrezať ruky ani nohy alebo vylúpnuť si oči, aby sme išli do neba. Je to preto, lebo náš nevinný a nepoškvrnený Baránok, Pán Ježiš Kristus, bol za nás ukrižovaný, mal pribité ruky a nohy a na hlave mal korunu z tŕnia.

Boží Syn prišiel zničiť diablove skutky

Preto tomu, kto verí v krv Ježiša Krista, je odpustené, je oslobodený od trestu ohnivého jazera a jazera horiacej síry a získa večný život.
1 Jn. 3:7-9 nám hovorí: „*Deti moje, nech vás nik nezvedie. Kto koná spravodlivo, je spravodlivý, ako je on spravodlivý. Kto pácha hriech, je z diabla, pretože diabol hreší od počiatku. A Boží Syn sa zjavil preto, aby zmaril diablove skutky. Kto sa narodil z Boha, nepácha hriech, lebo v ňom ostáva jeho semeno; a nemôže hrešiť, pretože sa narodil z Boha.*"

Hriech je viac ako skutok, ako napríklad, krádež, vražda alebo podvody. Zlo v srdci človeka je vážnejší hriech. Boh nenávidí zlo v našich srdciach. Nenávidí zlé srdce, ktoré súdi a odsudzuje iných, srdce, ktoré nenávidí a potkýna sa, a zlé srdce, ktoré je prefíkané a zradné. Čo by sa stalo z nebom, ak by doň mohli vstúpiť a žiť ľudia s takýmto srdcom? Aj v nebi by sa potom ľudia hádali o tom, čo je správne a čo nesprávne, a preto Boh nedovolí, aby do neba vstúpil zlý človek.

Preto, keď sa splnomocnení krvou Ježiša Krista stanete Božím dieťaťom, nesmiete už nasledovať nepravdu alebo slúžiť diablovi ako otrok, ale musíte žiť v pravde ako dieťa Boha, ktorý Je svetlo.

Len tak môžete mať celú slávu neba, získať požehnanie tešiť sa z autority Božieho dieťaťa a prosperovať aj na tomto svete.

Nesmiete spáchať hriechy vyznávajúc svoju vieru

Boh nás miluje natoľko, že poslal svojho milovaného, nevinného a jediného Syna, aby zomrel za nás na kríži. Viete si predstaviť, ako veľmi Boh narieka a je smutný, keď vidí ľudí, ktorí vyhlasujú, že sú „Božími deťmi" páchať hriechy pod vplyvom diabla, a tak rýchlo napredovať k peklu?

Žiadam vás, aby ste nepáchali hriechy, ale počúvali Boží príkaz, dokazujúc tak, že ste drahým Božím dieťaťom. Keď to urobíte, oveľa rýchlejšie dostanete odpovede na všetky vaše modlitby a stanete sa pravým Božím dieťaťom, a nakoniec vstúpite a budete žiť v nádhernom Novom Jeruzaleme. Tiež získate silu a autoritu zahnať tmu od tých ľudí, ktorí ešte nepoznajú pravdu, ešte stále páchajú hriechy a stávajú sa otrokmi diabla. Budete mať silu viesť ich k Bohu.

Dúfam, že sa stanete pravým Božím dieťaťom, dostanete odpovede na všetky vaše modlitby a želania, budete Ho oslavovať a odvrátite nespočetné množstvo ľudí od cesty do pekla, aby ste dosiahli Božiu slávu, ktorá žiari v nebesiach ako slnko.

Zlí duchovia budú uväznení v priepasti

Podľa slovníka The New Webster World College Dictionary je termín „priepasť" definovaný ako „bezodná priepasť",

Peklo

"roklina" alebo "niečo príliš hlboké na zmeranie." V biblickom zmysle je priepasť najhlbšou a najmenšou časťou pekla. Je vyhradené len pre zlých duchov, ktoré sú pre kultiváciu človeka nepodstatní.

Potom som videl z neba zostupovať anjela, čo mal kľúč od priepasti a v ruke veľkú reťaz. Chytil draka, toho starého hada, ktorým je diabol a satan, a sputnal ho na tisíc rokov. Hodil ho do priepasti, zavrel ju a zapečatil nad ním, aby už nezvádzal národy, kým sa nedovŕši tisíc rokov; potom musí byť na krátky čas uvoľnený (Zjv. 20:1-3).

Toto je popis doby ku koncu sedemročného veľkého súženia. Po príchode Ježiša Krista budú zlí duchovia sedem rokov ovládať svet, počas ktorých sa uskutoční tretia svetová vojna a ďalšie katastrofy po celom svete. Po veľkom súžení nastane tisícročné kráľovstvo, počas ktorého budú zlí duchovia uväznení v priepasti. Ku koncu tisícročia budú na krátky čas zlí duchovia pustení na slobodu, a keď skončí rozsudok veľkého bieleho trónu, budú znovu uväznení v priepasti, ale tentoraz naveky. Lucifer a jeho služobníci riadia svet tmy, ale po rozsudku bude nebo a peklo riadené iba Božou mocou.

Zlí duchovia sú len nástrojmi pre kultiváciu človeka

Aké druhy trestov sú pripravené pre zlých duchov, ktorí v priepasti stratia všetku moc a autoritu?

Predtým ako budeme pokračovať, majte na pamäti, že zlí duchovia slúžia a existujú iba ako nástroj pre kultiváciu človeka. Prečo teda Boh kultivuje ľudské bytosti na zemi, aj keď má v nebi nespočetné množstvo nebeských zástupov a anjelov? Boh chce pravé deti, s ktorými sa môže deliť o lásku.

Dovoľte mi uviesť príklad. Naprieč celou históriou Kórei, šľachta mala v domácnostiach zvyčajne mnoho služobníctva. Sluhovia robili všetko, čo im pán prikázal. Pán mal márnotratných synov a dcéry, ktorí ho nepočúvali, ale robili iba to, čo sa im zachcelo. Znamená to, že pán bude milovať poslušných sluhov viac ako jeho márnotratne deti? Nedokáže prestať milovať svoje deti, aj keď nie sú veľmi poslušné.

Je to rovnaké s Bohom. Miluje ľudí stvorených na Jeho obraz bez ohľadu na to, koľko má poslušných nebeských zástupov a anjelov. Nebeské zástupy a anjeli sú ako roboty, ktoré robia iba to, o čo ich požiadate. A tak nie sú schopní zdieľať pravú lásku s Bohom.

Samozrejme, tým nechcem povedať, že anjeli a roboty sú po všetkých stránkach rovnakí. Na jednej strane, roboty robia len tak, čo im prikážete, nemajú slobodnú vôľu a nič necítia. Na druhej strane, tak ako ľudské bytosti, aj anjeli poznajú pocit radosti a smútku.

Ak cítite radosť alebo smútok, anjeli nemajú rovnaký pocit ako vy, ale len vedia, čo je to, čo cítite. Preto, keď budete chváliť Boha, aj anjeli Ho budú chváliť s vami. Ak tancujete na slávu Boha, budú tiež tancovať a dokonca aj hrať na hudobných nástrojoch. Táto vlastnosť ich odlišuje od robotov. Ale anjeli a roboty sú si „podobní" v tom, že obom chýba slobodná vôľa,

Peklo

robia len to, čo sa im povie a sú stvorení a používajú sa iba ako nástroje. Rovnako ako anjeli, aj zlí duchovia sú len nástrojmi používanými na kultiváciu človeka. Sú ako stroje, ktoré nerozlišujú dobré od zlého, sú stvorení na určitý účel a používajú sa na zlé skutky.

Zlí duchovia uväznení v priepasti

Zákon o duchovnom svete diktuje, že „mzdou hriechu je smrť" a „človek žne to, čo zaseje." Podľa tohto zákona budú po rozsudku duše z dolného podsvetia hodené do ohnivého jazera alebo do jazera horiacej síry. Je to preto, lebo počas života na tejto zemi si svojou slobodnou vôľou a pocitmi vybrali zlo.

Zlí duchovia, okrem démonov, nie sú podstatní pre ľudskú kultiváciu. Preto aj po rozsudku budú zlí duchovia uväznení v temnej a studenej priepasti, opustení ako hromada odpadkov. Toto je pre nich najvhodnejší trest.

Boží trón sa nachádza v strede na vrchole neba. Zlí duchovia sú naopak uväznení v priepasti, v najhlbšom a najtemnejšom mieste v pekle. V temnej a studenej priepasti sa nemôžu voľne pohybovať. Ako keby boli pritlačení obrovskými kameňmi, zlí duchovia budú naveky uväznení v nemennej polohe.

Títo zlí duchovia kedysi patrili do neba a mali nádherné povinnosti. Po páde padlí anjeli používali autoritu vlastným spôsobom vo svete tmy. Ale boli porazení vo vojne, ktorú viedli proti Bohu a bolo po všetkom. Stratili všetku slávu a hodnotu ako nebeské bytosti. V priepasti, ako symbol prekliatia a hanby, boli krídla týchto padlých anjelov roztrhané na kusy. Duch je večným a nesmrteľným stvorením. Ale zlý duch v priepasti nemôže pohnúť ani prstom, nemá žiadne pocity, vôľu alebo moc. Sú ako stroje, ktoré boli vypnuté alebo ako bábiky, ktoré boli vyhodené, a dokonca sa zdajú byť zmrazení.

Niektorí poslovia pekla zostanú v dolnom podsvetí

K tomuto pravidlu existuje výnimka. Ako už bolo spomenuté vyššie, deti do veku približne dvanásť rokov zostanú v dolnom podsvetí aj po rozsudku. A tak, aby tresty týchto detí pokračovali, sú potrební poslovia pekla.

Títo poslovia pekla nebudú uväznení v priepasti, ale zostanú v dolnom podsvetí. Vyzerajú ako roboty. Pred rozsudkom sa smiali a užívali si pohľad na mučené duše, ale to nebolo preto, že oni sami mali nejaké pocity. Bolo to riadené Luciferom, ktorý mal ľudské vlastnosti a riadil poslov pekla v prejavovaní pocitov. Po rozsudku už nebudú riadení Luciferom, ale budú vykonávať svoju prácu ako stroje bez akýchkoľvek pocitov.

Kde skončia démoni?

Na rozdiel od padlých anjelov, drakov a ich nasledovníkov, ktorí boli stvorení pred vznikom vesmíru, démoni nie sú duchovné bytosti. Kedysi boli ľudskými bytosťami, stvorenými z prachu a mali ducha, dušu a telo ako my. Medzi ľuďmi, ktorí boli kedysi kultivovaní na tomto svete, ale zomreli bez získania spásy,

Peklo

sú takí, ktorí sú za špeciálnych okolností poslaní na tento svet ako démoni.

Ako sa teda človek stane démonom? Existujú štyri spôsoby, ktorými sa ľudia stali démonmi.

Prvý z nich je prípad ľudí, ktorí predali svojich duchov a duše Satanovi.

Ľudia, ktorí praktizujú čarodejníctvo a hľadajú pomoc a silu u zlých duchov, aby uspokojili svoju chamtivosť a túžby, ako napríklad, čarodejníci, po smrti sa môžu stať démonmi.

Druhým je prípad ľudí, ktorí spáchali samovraždu v dôsledku vlastného zla.

Ak ľudia sami ukončia svoj život kvôli neúspechom v podnikaní alebo z iných dôvodov, ignorujú Božiu zvrchovanosť nad životom a môžu sa stať démonmi. Avšak, to nie je rovnaké ako obetovať život za vlasť alebo pomoc bezmocným. Ak človek, ktorý nevedel plávať, skočil do vody, aby zachránil niekoho iného na úkor vlastného života, bolo to pre dobrý a ušľachtilý účel.

Tretím je prípad ľudí, ktorí kedysi verili v Boha, ale nakoniec ho popreli a predali svoju vieru.

Niektorí kresťania vyčítajú Bohu a stavajú sa proti Nemu, keď čelia veľkým ťažkostiam, stratia niekoho alebo niečo im veľmi vzácne. Dobrým príkladom je Charles Darwin, priekopník evolučnej teórie. Darwin kedysi veril v Boha Stvoriteľa. Keď jeho milovaná dcéra predčasne zomrela, Darwin začal popierať Boha, bojovať proti Nemu a vymyslel teóriu evolúcie. Takí ľudia páchajú hriech opätovného ukrižovania Ježiša Krista, nášho Spasiteľa (Hebr. 6:6).

Štvrtým a posledným je prípad ľudí, ktorí bránia, oponujú a rúhajú sa Duchu Svätému, aj keď veria v Boha a poznajú pravdu (Mt. 12:31-32; Lk. 12:10).

Dnes mnoho ľudí, ktorí viditeľne vyznávajú vieru v Boha, bránia a rúhajú sa Duchu Svätému. Dokonca, aj keď sú títo ľudia svedkami množstva Božích skutkov, napriek tomu súdia a odsudzujú ostatných ľudí, bránia dielam Ducha Svätého a snažia sa zničiť cirkev, v ktorej sa uskutočňujú Jeho diela. Okrem toho, ak toto konajú predstavení cirkvi, ich hriechy sú o to závažnejšie.

Keď títo hriešnici zomrú, sú hodení do dolného podsvetia a budú mučení v tretej alebo štvrtej úrovni trestov. Skutočnosťou je, že niektoré z týchto duší sa stanú démonmi a sú poslaní na tento svet.

Démoni sú ovládaní diablom

Až do rozsudku má Lucifer úplnú právomoc riadiť svet temnoty a dolné podsvetie. A tak Lucifer má tiež právomoc vybrať z dolného podsvetia určité duše, ktoré sú najvhodnejšie pre jeho ciele a použiť ich na tomto svete ako démonov.

Akonáhle budú tieto duše vybrané a prepustené na svet, na rozdiel od ich pozemského života už nemajú vlastnú vôľu alebo pocity. Podľa vôle Lucifera sú riadené diablom a slúžia iba ako nástroje na splnenie cieľov sveta zlých duchov.

Démoni vábia ľudí na zemi milovať svet. Niektoré z dnešných

Peklo

najkrutejších hriechov a zločinov nie sú náhodné, ale uskutočnené vďaka práci démonov podľa vôle Lucifera. Podľa zákona duchovného sveta démoni vstúpia do ľudí a vedú ich do pekla. Niekedy démoni ľudí telesne postihnú a prinesú na nich ochorenia. Samozrejme to neznamená, že každý druh a prípad postihnutia alebo choroby sa pripisuje démonom, ale niektoré prípady sú spôsobené démonmi. V Biblii nájdeme démonmi posadnutého chlapca, ktorý bol od detstva nemý (Mk. 9:17-24) a ženu, ktorá osemnásť rokov mala ducha neduživosti, bola zhrbená a nemohla sa ani trochu narovnať (Lk. 13:10-13). Podľa vôle Lucifera démoni majú pridelené najľahšie povinnosti vo svete temnoty, ale po rozsudku nebudú uväznení v priepasti. Vzhľadom k tomu, že démoni boli kedysi ľudskými bytosťami a boli kultivovaní, po rozsudku veľkého bieleho trónu budú spolu s tými, ktorí sú mučení v tretej alebo štvrtej úrovni trestov v dolnom podsvetí, hodení do jazera horiacej síry.

Zlí duchovia sa boja priepasti

Niektorí z vás, ktorí si pamätajú slová z Biblie, nájdu nejakú chybu. V Lk 8 je scéna, v ktorej sa Ježiš stretáva s človekom posadnutým démonom. Keď démonovi rozkázal, aby vyšiel z toho človeka, démon povedal: *„Čo ťa do mňa, Ježiš, Syn najvyššieho Boha? Prosím ťa, nemuč ma!"* (Lk. 8:28) a prosil Ježiša, aby ho neposlal do priepasti.

Démoni sú predurčení skončiť v jazere horiacej síry, nie v priepasti. Prečo teda prosil Ježiša, aby ho neposielal do priepasti? Ako bolo uvedené vyššie, démoni boli kedysi ľudskými bytosťami a sú len obyčajnými nástrojmi používanými na kultiváciu človeka podľa vôle Lucifera. A tak, keď démon rozprával s Ježišom skrze pery toho človeka, vyjadroval srdce zlých duchov, ktorí ho riadia, nie jeho vlastné. Zlí duchovia na čele s Luciferom vedia, že akonáhle sa ukončí Božia prozreteľnosť kultivácie človeka, stratia všetku moc a budú naveky uväznení v priepasti. Ich strach o budúcnosť bol príliš jasne prezradený cez démonovo prosenie. Démon bol použitý len ako nástroj, aby bol v Biblii zaznamenaný strach zlých duchov a ich koniec.

Prečo sa démoni boja vody a ohňa?

Na začiatku mojej služby v mojej cirkvi pôsobil Duch Svätý tak mocne, že slepí videli, nemí hovorili, ľudia s obrnou začali chodiť a zlí duchovia boli vyháňaní. Táto správa sa rozšírila po celej krajine a prišlo mnoho chorých ľudí. V tej dobe som sa modlil za démonmi posadnutých ľudí a démoni, ako duchovné bytosti, vedeli dopredu, že budú vyhnaní. Niektorí démoni ma prosili: „Prosím, neposielaj nás do vody, ohňa alebo do!" S ich požiadavkami som samozrejme nemohol súhlasiť.

Prečo teda démoni nenávidia vodu a oheň? Biblia zaznamenáva aj ich odpor k vode a ohňu. Keď som sa znova modlil za objasnenie, Boh mi povedal, že duchovne voda znamená život, presnejšie Božie Slovo, ktoré je svetlo. A oheň symbolizuje oheň Ducha Svätého. A teda démoni, ktorí predstavujú temnotu, stratia svoju moc a autoritu, ak sú vyhnaní do ohňa alebo do vody.

Peklo

V Mk 5. je scéna, v ktorej Ježiš prikazuje démonom „légia" vyjsť z človeka a oni Ho prosili, aby ich poslal do ošípaných (Mk. 5:12). Ježiš im to dovolil a zlí duchovia vyšli z toho človeka a vošli do ošípaných. Stádo ošípaných, bolo ich asi dvetisíc, bežali dolu svahom do jazera a utopili sa. Ježiš to urobil, aby utopením v jazere zabránil týmto démonom pracovať pre Lucifera. To však neznamená, že démoni sa utopili, oni len stratili svoju moc. To je dôvod, prečo nám Ježiš hovorí: „*Keď nečistý duch vyjde z človeka, blúdi po vyschnutých miestach a hľadá odpočinok, ale nenájde*" (Mt. 12:43). Božie deti by mali jasne poznať duchovný svet, aby dokazovali Božiu moc. Démoni sa trasú od strachu, keď ich vyháňate s úplným poznaním duchovného sveta. Ale netrasú sa, o to je aj menšia pravdepodobnosť, že budú vyhnaní, ak iba poviete: „Ty, démon, vyjdi von a choď do vody! Choď do ohňa!", ak nepoznáte duchovný svet.

Lucifer sa snaží vybudovať si kráľovstvo

Boh je Bohom pretekajúcej lásky, ale tiež je Bohom spravodlivosti. Bez ohľadu na to, aký milosrdný a odpúšťajúci môže byť kráľ tohto sveta, nemôže byť milosrdný a odpúšťajúci stále. Keď sú v jeho krajine zlodeji a vrahovia, kráľ by ich mal chytiť a potrestať podľa zákona krajiny, aby zachoval pokoj a bezpečnosť pre svoj ľud. Aj keď jeho milovaný syn alebo ľudia spáchajú závažný trestný čin, ako napríklad zradu, kráľ nemá inú možnosť, ako ich podľa zákona potrestať.

Podobne, Božia láska je druh lásky, ktorý je v súlade s prísnym usporiadaním duchovného sveta. Boh veľmi miloval Lucifera pred jeho zradou, a dokonca aj po zrade dal Boh Luciferovi úplnú právomoc nad tmou, ale jedinú odmenu, ktorú Lucifer dostane, je uväznenie v priepasti. Keďže Lucifer to vie, snaží sa vybudovať si kráľovstvo a udržiavať ho pevné. Z tohto dôvodu pred dvetisíc a viac rokmi Lucifer zabil mnoho Božích prorokov. Pred dvetisíc rokmi, keď sa Lucifer dozvedel o narodení Ježiša, aby zabránil vzniku Božieho kráľovstva a trvalému udržaniu jeho kráľovstva temnoty, pokúsil sa zabiť Ježiša prostredníctvom kráľa Herodesa. Potom, čo Satan vstúpil do Herodesa, Herodes vydal rozkaz zabiť v krajine všetkých chlapcov vo veku do dvoch rokov (Mt. 2:13-18).

Okrem toho v priebehu posledných dvoch tisícročí, Lucifer sa vždy snažil zničiť a zabiť každého, kto vykonával úžasnú Božiu moc. Ale Lucifer nikdy nad Bohom nezvíťazí alebo neprekoná Jeho múdrosť a skončí iba v priepasti.

Boh lásky čaká a dáva príležitosti na pokánie

Všetci ľudia na zemi musia byť súdení podľa ich skutkov. Nespravodlivých ľudí čaká kliatba a tresty a dobrých ľudí čaká požehnanie a sláva. Avšak Boh, ktorý sám Je láska, nehádže ľudí, ktorí zhrešili, ihneď do pekla. Trpezlivo čaká na pokánie ľudí, ako je zaznamenané v 2 Pt. 3:8-9: *„Toto jedno nech vám je, milovaní, zjavné: že u Pána je jeden deň ako tisíc rokov a tisíc rokov ako jeden deň. Pán nemešká s prisľúbením, ako sa niektorí nazdávajú, že mešká; on je len trpezlivý s vami a nechce, aby niekto zahynul, ale aby sa všetci dali na pokánie."*

Peklo

To je láska Boha, ktorý chce, aby všetci ľudia boli spasení. Prostredníctvom tohto posolstva o pekle by ste si mali uvedomiť, že Boh bol trpezlivý a čakal aj na všetkých tých, ktorí teraz trpia v dolnom podsvetí. Tento Boh lásky narieka nad dušami stvorenými na Jeho obraz a Jeho podobu, ktoré teraz trpia a budú trpieť naveky.

Napriek trpezlivosti a láske Boha, ak ľudia až do konca neprijmu evanjelium alebo tvrdia, že veria, ale naďalej páchajú hriechy, stratia všetky možnosti spásy a skončia v pekle.

To je dôvod, prečo by sme my, veriaci, mali vždy šíriť evanjelium, či máme, alebo nemáme príležitosť. Predpokladajme, že zatiaľ čo vy ste neboli doma, bol u vás veľký požiar. Keď ste sa vrátili, dom bol v plameňoch a vo vnútri spali vaše deti. Neurobíte všetko preto, aby ste zachránili svoje deti? Božie srdce je o to zranenejšie, keď vidí ľudí, ktorí sú stvorení na Jeho obraz a Jeho podobu, páchať hriechy a padať do večných plameňov pekla. Viete si predstaviť, ako by sa Boh radoval, keby videl, ako ľudia vedú iných ľudí k spáse?

Mali by ste pochopiť Božie srdce, ktoré miluje všetkých ľudí a smúti za tými, ktorí idú cestou do pekla, rovnako ako srdce Ježiša Krista, ktoré nechce stratiť ani jediného človeka. Teraz, keď ste si prečítali o krutosti a utrpení v pekle, mali by ste byť schopní pochopiť, prečo je Boh taký potešený spásou ľudí. Dúfam, že budete chápať a cítiť Božie srdce, aby ste šírili dobré zvesti a viedli ľudí do neba.

Kapitola 9

Prečo musel Boh lásky stvoriť peklo?

Božia trpezlivosť a láska
Prečo musel Boh lásky stvoriť peklo?
Boh chce, aby všetci ľudia boli spasení
Odvážne šíriť evanjelium

„Boh, ktorý chce,
aby všetci ľudia boli spasení a spoznali pravdu."
- 1 Tim. 2:4 -

„Má v ruke vejačku a prečistí namlátené zrno;
pšenicu zhromaždí do sýpky,
no plevy spáli v neuhasiteľnom ohni."
- Mt. 3:12 -

Prečo musel Boh lásky stvoriť peklo?

Asi pred dvetisíc rokmi Ježiš chodil po mestách a dedinách v Izraeli, kázal radostnú zvesť a uzdravoval každú chorobu. Keď sa Ježiš stretol s ľuďmi, mal s nimi súcit, lebo boli zmorení a bezmocní ako ovce bez pastiera (Mt. 9:36). Bolo tam nespočetné množstvo ľudí, ktorí mali byť spasení, ale nebol tam nikto, kto by sa o nich postaral. Aj keď Ježiš usilovne chodil po dedinách a navštevoval ľudí, nemohol sa postarať o každého z nich. V Mt. 9:37-38 Ježiš povedal svojim učeníkom: „*Žatva je veľká, ale robotníkov málo. Preto proste Pána žatvy, aby poslal robotníkov na svoju žatvu.*" Veľmi potrební sú pracovníci, ktorí by namiesto Ježiša horiacou láskou učili nespočetné množstvo ľudí pravde a zahnali by od nich tmu.

V dnešnej dobe je mnoho ľudí otrokom hriechu, trpia chorobami, chudobou a smútkom a smerujú do pekla – to všetko preto, lebo nepoznajú pravdu. Musíme pochopiť srdce Ježiša, ktoré hľadá pracovníkov, ktorých by poslal na žatvu, aby ste nielen získali spásu, ale tiež vyznali: „Tu som! Pošli ma, Pane."

Božia trpezlivosť a láska

Bol raz syn, ktorý bol rodičmi milovaný a zbožňovaný. Jedného dňa tento syn požiadal rodičov, aby mu dali jeho podiel majetku. Splnili synovi túto žiadosť, a to aj napriek tomu, že nedokázali pochopiť svojho syna, ktorému sa chystali aj tak všetko odkázať. Potom syn odišiel s jeho podielom majetku do zahraničia. Aj keď mal na začiatku nádeje a ambície, postupne sa začal oddávať radosti a vášni sveta a nakoniec premrhal všetko

Peklo

bohatstvo. Navyše krajina čelila vážnej kríze, a tak bol ešte úbohejší. Jedného dňa rodičom niekto priniesol správu o ich synovi, podľa ktorej sa ich syn kvôli zhýralému spôsobu života stal podobným žobrákovi a ľudia ním preto opovrhovali.

Čo museli cítiť rodičia? Najprv mohli byť nahnevaní, ale čoskoro sa začali o neho báť, mysliac si: „Odpúšťame ti, synu. Rýchlo sa vráť domov!"

Boh prijíma deti, ktoré sa vracajú v pokání

Srdce týchto rodičov je zaznamenané v Lk. 15. Otec, ktorého syn sa vydal do ďalekej krajiny, čakal na svojho syna v bráne každý deň. Otec čakal na návrat svojho syna tak zúfalo, že keď sa jeho syn vracal, otec ho už z diaľky spoznal, rozbehol sa k nemu a radostne ho objal. Otec dal kajúcemu synovi najlepšie rúcho a sandále, zabil vykŕmené teľa a na počesť syna usporiadal hostinu.

To je Božie srdce. On nielen odpúšťa všetkých ľuďom, ktorí sa horlivo kajajú, bez ohľadu na výšku alebo závažnosť ich hriechov, ale tiež ich utešuje a dáva im silu konať lepšie skutky. Ak je jeden človek spasený vierou, Boh sa raduje a túto udalosť oslavuje s nebeským zástupom a anjelmi. Náš milosrdný Boh je láska sama. So srdcom otca, ktorý čaká na svojho syna, Boh horlivo túži, aby sa všetci ľudia odvrátili od hriechu a získali spásu.

Boh lásky a odpustenia

Prostredníctvom Ozeášovej tretej kapitoly môžete vidieť kúsok hojného milosrdenstva a súcitu nášho Boha, ktorý je vždy

Prečo musel Boh lásky stvoriť peklo?

horlivý odpustiť a milovať aj hriešnikov.

Jedného dňa Boh nariadil Ozeášovi, aby sa oženil s cudzoložnicou. Ozeáš poslúchol a oženil sa s Gomer. O niekoľko rokov neskôr Gomer nebola schopná ustrážiť si srdce a zamilovala sa do iného muža. Navyše sa stala prostitútkou a milovala iného muža. Boh potom povedal Ozeášovi: *„Choď a miluj ženu, ktorá má milenca a cudzoloží, ako Pán miluje synov Izraela, hoci sa oni obracajú k iným bohom a majú radi hroznové koláče"* (v. 1). Boh nariadil Ozeášovi, aby miloval svoju ženu, ktorá ho zradila a odišla z domu milovať iného muža. Ozeáš priviedol Gomer späť po zaplatení pätnástich šekelov striebra, chomera a pol jačmeňa (v. 2). Koľko ľudí to dokáže urobiť? Keď Ozeáš priviedol Gomer späť, povedal jej: *„Dlhé dni mi budeš sedieť, nebudeš smilniť, a muža mať nebudeš, ja tiež nebudem mať nič s tebou"* (v. 3). On ju neodsúdil ani k nej necítil nenávisť, ale s láskou jej odpustil a prosil ju, aby ho už nikdy neopustila.

Čo urobil Ozeáš, sa v očiach ľudí tohto sveta zdá pochabé. Ale jeho srdce symbolizuje Božie srdce. Tak, ako sa Ozeáš oženil s cudzoložnicou, Boh nás miloval prvý, nás, ktorí sme Ho opustili, a dokonca nás vyslobodil.

Po Adamovej neposlušnosti boli všetky ľudské bytosti naplnené hriechom. Rovnako ako Gomer neboli hodní Božej lásky. Avšak Boh ich aj napriek tomu miloval a dal svojho jediného Syna Ježiša, aby bol ukrižovaný. Tento Ježiš bol bičovaný, mal na hlave korunu z tŕnia a jeho ruky a nohy boli pribité, aby nás On mohol zachrániť. Dokonca, aj keď umieral na kríži, modlil sa: „Otče, odpusť im." Aj v tejto chvíli Ježiš v

Peklo

nebesiach prosí za všetkých hriešnikov pred trónom nášho Boha Otca.

Ale mnoho ľudí nepozná Božiu lásku a milosť. Namiesto toho milujú svet a ďalej páchajú hriechy, nasledujúc vlastné telesné túžby. Niektorí žijú v temnote, pretože nepoznajú pravdu. Iní poznajú pravdu, ale s postupom času sa ich srdcia menia a znova páchajú hriechy. Keď ľudia získajú spásu, musia sa denne posväcovať. Ale ich srdce sa stáva skazeným a znečisteným na rozdiel od doby, keď po prvýkrát prijali dar Ducha Svätého. To je dôvod, prečo títo ľudia spáchajú dokonca aj druh zla, ktorý kedysi odvrhli.

Aj napriek tomu, Boh chce odpustiť aj týmto ľuďom a milovať ich, aj keď zhrešili a milovali svet. Rovnako ako Ozeáš priviedol späť svoju cudzoložnú ženu, ktorá milovala iného muža, Boh čaká na návrat a pokánie Jeho detí, ktoré zhrešili.

Preto musíme pochopiť srdce Boha, ktorý nám zjavil správy o pekle. Boh nás nechce vystrašiť, On len chce, aby sme sa dozvedeli o utrpení pekla, dôkladne sa kajali a získali spasenie. Posolstvo o pekle je Jeho spôsob, ako vyjadriť Jeho horiacu lásku k nám. Musíme tiež pochopiť, prečo Boh musel pripraviť peklo, aby sme hlbšie porozumeli Jeho srdcu a šírili dobrú zvesť viacerým ľuďom, a tak ich zachránili od večných trestov.

Prečo musel Boh lásky stvoriť peklo?

Gn. 2:7 hovorí: *„Vtedy Pán, Boh, utvoril z hliny zeme človeka a vdýchol do jeho nozdier dych života. Tak sa stal*

Prečo musel Boh lásky stvoriť peklo?

človek živou bytosťou."

V roku 1983, rok po tom, čo sa otvorili dvere mojej cirkvi, mi Boh zjavil obraz, v ktorom bolo znázornené stvorenie Adama. Boh, šťastne a radostne, so starostlivosťou a láskou, vytvoril Adama z hliny, ako keby sa dieťa hralo s najobľúbenejšou hračkou alebo bábikou. Po nežnom sformovaní Adama, Boh mu do nozdier vdýchol dych života. Pretože sme dostali dych života od Boha, ktorý je Duch, náš duch a duša sú nesmrteľné. Telo z prachu zahynie a vráti sa späť do hrsti prachu, ale náš duch a duša sú večné.

Z tohto dôvodu Boh musel pripraviť príbytky pre týchto nesmrteľných duchov, a tým sú nebo a peklo. Ako je zaznamenané v 2 Pt. 2:9-10, ľudia, ktorí žijú bohabojný život, budú spasení a pôjdu do neba, ale nespravodliví ľudia budú potrestaní v pekle.

Pán však vie vytrhnúť nábožných zo skúšky a nespravodlivých ponechať na deň súdu na potrestanie; a to predovšetkým tých, ktorí sa ženú za nečistými žiadosťami tela a pohŕdajú Pánom. Bezočiví opovážlivci, neboja sa rúhať duchovným bytostiam.

Na jednej strane, Božie deti budú žiť pod Jeho večnou vládou v nebesiach. Preto je nebo vždy plné šťastia a radosti. Na druhej strane, peklo je miestom pre všetkých ľudí, ktorí neprijali Božiu lásku, ale Ho zradili a stali sa otrokom hriechu. V pekle budú mučení krutými trestami. Prečo teda musel Boh lásky pripraviť peklo?

Peklo

Boh oddeľuje pšenicu od pliev

Tak ako poľnohospodár seje semienka a pestuje ich, aj Boh kultivuje ľudské bytosti na tomto svete, aby získal pravé deti. Keď nadíde čas zberu, On oddelí pšenicu od pliev, pšenicu pošle do neba a plevy do pekla.

> *„V ruke má vejačku, vyčistí si humno, pšenicu si zhromaždí do sýpky, ale plevy spáli v neuhasiteľnom ohni"* (Mt. 3:12).

„Pšenica" tu symbolizuje všetkých tých, ktorí prijali Ježiša Krista, pokúsili sa obnoviť Boží obraz a žiť podľa Jeho Slova.

„Plevy" tu označuje tých, ktorí neprijali Ježiša Krista za svojho Spasiteľa, ale milovali svet a nasledovali zlo.

Tak ako poľnohospodár zhromaždí pšenicu do stodoly a plevy spáli alebo ich používa ako hnojivo pre úrodu, aj Boh berie pšenicu do neba a plevy hodí do pekla.

Boh chce, aby sme vedeli o existencii dolného podsvetia a pekla. Láva pod povrchom zeme a oheň slúžia ako pripomienka večných trestov v pekle. Ak by na tomto svete nebol žiadny oheň alebo síra, ako by sme si vedeli predstaviť ukrutné scény dolného podsvetia a pekla? Boh stvoril tieto veci, pretože sú nevyhnutné pre kultiváciu ľudských bytostí.

Dôvod, prečo sú plevy hodené do pekelného ohňa

Niekto sa môže pýtať: „Prečo Boh lásky pripravil peklo?

Prečo musel Boh lásky stvoriť peklo?

Prečo nie je možné, aby aj plevy išli do neba?" Krása neba je nad akúkoľvek predstavivosť alebo opis. Boh, pán neba, je svätý bez akejkoľvek vady či chyby, a tak len tí, ktorí plnia Jeho vôľu, môžu vstúpiť do neba (Mt. 7:21). Ak by v nebi boli spolu s ľuďmi, ktorí sú plní lásky a dobroty, zlí ľudia, život v nebi by bol veľmi ťažký a zvláštny a krásne nebo by bolo znečistené. To je dôvod, prečo Boh musel pripraviť peklo, aby oddelil pšenicu v nebi od pliev v pekle. Bez pekla by boli spravodliví ľudia nútení žiť spolu so zlými ľuďmi. Ak by sa to stalo, nebo by bolo útočiskom tmy, plné vreskotu a výkrikov v agónii. Ale zmyslom Božej kultivácie ľudí nie je vytvoriť také miesto. Nebo je miesto bez sĺz, smútku, utrpenia a choroby, kde sa On môže naveky deliť o Jeho hojnú lásku s Jeho deťmi. A preto je peklo potrebné na večné uväznenie zlých a bezcenných ľudí – pliev.

Rim. 6:16 hovorí: *"Neviete, že komu sa dávate za otrokov a poslúchate ho, ste otrokmi toho, koho poslúchate: či hriechu na smrť, alebo poslušnosti pre spravodlivosť?"* Aj keď to možno nevedia, všetci tí, ktorí nežijú v súlade s Božím Slovom, sú otrokmi hriechu a otrokmi nepriateľa Satana a diabla. Na tejto zemi sú riadení nepriateľom Satanom a diablom; po smrti budú hodení do rúk zlých duchov v pekle a trpieť všetkými druhmi trestov.

Boh odmeňuje každého podľa toho, čo urobil

Náš Boh nie je len Bohom lásky, milosrdenstva a láskavosti, ale aj čestným a spravodlivým Bohom, ktorý každého z nás odmeňuje podľa našich skutkov. Gal. 6:7-8 znie:

Peklo

Nemýľte sa: Boh sa vysmievať nedá. Čo človek zaseje, to bude aj žať. Lebo kto seje pre svoje telo, z tela bude žať porušenie. Ale kto seje pre ducha, z ducha bude žať večný život.

Na jednej strane, keď zasejete modlitby a chvály, mocou z neba dostanete silu žiť podľa Božieho Slova a vášmu duchu a duši sa bude dariť. Keď zasejete verné služby, všetky vaše časti – duch, duša a telo – budú posilnené. Keď zasejete peniaze prostredníctvom desiatku alebo obiet vďakyvzdania, budete finančne hojne požehnaní, a tak môžete zasiať viac pre Božie kráľovstvo a spravodlivosť. Na druhej strane, keď ste zasiali zlo, bude vám vrátené presné množstvo a veľkosť vášho zla. Dokonca, aj keď ste veriaci, keď zasejete hriechy a bezprávie, budete čeliť skúškam. Preto dúfam, že budete osvietení a naučíte sa túto skutočnosť s pomocou Ducha Svätého, aby ste mohli získať večný život.

V Jn. 5:28-29 nám Ježiš povedal: *„Nedivte sa tomu, lebo prichádza hodina, keď všetci v hroboch počujú jeho hlas a vyjdú: tí, čo robili dobre, budú vzkriesení pre život a tí, čo páchali zlo, budú vzkriesení na odsúdenie."* V Mt. 16:27 nám Ježiš sľúbil: *„Lebo Syn človeka príde v sláve svojho Otca so svojimi anjelmi a vtedy odplatí každému podľa jeho skutkov."*

S dokonalou presnosťou v deň posledného súdu Boh odmení zodpovedajúce odmeny a pridelí zodpovedajúce tresty každému podľa toho, čo urobil. Či človek pôjde do neba alebo do pekla, nie je na Bohu, ale je to na každom človeku, ktorý má slobodnú vôľu, pretože každý bude žať to, čo zaseje.

Prečo musel Boh lásky stvoriť peklo?

Boh chce, aby všetci ľudia boli spasení

Pre Boha je človek, ktorý bol stvorený na Jeho obraz a podobu, dôležitejší ako celý vesmír. Preto Boh chce, aby všetci ľudia verili v Ježiša Krista a získali spásu.

Boh sa viac raduje nad jedným hriešnikom, ktorý koná pokánie

So srdcom pastiera, ktorý hľadá po členitých cestách jednu stratenú ovcu, aj keď má ešte deväťdesiatdeväť oviec (Lk. 15:4-7), Boh sa raduje viac nad jedným hriešnikom, ktorý koná pokánie, ako nad deväťdesiat deviatimi spravodlivými, ktorí nepotrebujú pokánie.

Žalmista v Ž. 103:12-13 napísal: *„Ako je vzdialený východ od západu, tak vzďaľuje od nás našu neprávosť. Ako sa otec zmilúva nad deťmi, tak sa Pán zmilúva nad tými, čo sa ho boja."* V Iz. 1:18 Boh sľúbil: *„Poďte, pravoťme sa! – hovorí Pán. Ak budú vaše hriechy sťa šarlát, budú obielené ako sneh, ak sa budú červenať sťa purpur, budú ako vlna (biele)."*

Boh je svetlo samo a nie je v Ňom žiadna temnota. On je tiež dobrota sama, ktorá nenávidí hriech, ale keď k Nemu príde hriešnik a koná pokánie, Boh si nepamätá jeho hriechy. Namiesto toho, Boh v Jeho nekonečnom odpúšťaní a srdečnej láske objíme a požehná hriešnika.

Ak aspoň trochu chápete Božiu úžasnú lásku, mali by ste každého človeka prijímať s úprimnou láskou. Mali by ste mať súcit s tými, ktorí kráčajú k pekelnému ohňu, úprimne sa za nich

Peklo

modliť, deliť sa s nimi o dobrú zvesť a navštíviť tých, ktorí majú slabú vieru a posilniť ich vieru, aby mohli stáť pevne.

Ak nekonáte pokánie

1 Tim. 2:4 nám hovorí: „*ktorý chce, aby boli všetci ľudia spasení a poznali pravdu.*" Boh zúfalo chce, aby Ho poznali všetci ľudia, získali spasenie a prišli na miesto, kde je On. Boh túži po záchrane aspoň jedného človeka, čaká na ľudí blúdiacich v tme a hriechu, aby sa k Nemu vrátili.

Ale aj keď Boh dáva ľuďom nespočetné množstvo príležitostí na pokánie, a to až na obetovanie svojho jediného Syna na kríži, ak nekonajú pokánie, po smrti ich čaká len jediné miesto. Podľa zákona o duchovnom svete budú žať to, čo zasiali a všetko im bude vrátené podľa toho, čo urobili, a nakoniec budú uvrhnutí do pekla.

Dúfam, že si uvedomíte túto úžasnú lásku a spravodlivosť Boha, aby ste prijali Ježiša Krista a bolo vám odpustené. Okrem toho, konajte a žijte podľa Božej vôle, aby ste mohli žiariť ako slnko v nebi.

Odvážne šíriť evanjelium

Tí, ktorí poznajú a naozaj veria v existenciu neba a pekla, nedokážu prestať s evanjelizáciou, pretože až príliš dobre poznajú srdce Boha, ktorý chce, aby všetci ľudia získali spásu.

Bez ľudí, ktorí by šírili dobrú zvesť

Rim. 10:14-15 nám hovorí, že Boh chváli tých, ktorí šíria dobré zvesti:

Ale ako budú vzývať toho, v ktorého neuverili? A ako uveria v toho, o ktorom nepočuli? A ako počujú bez kazateľa? A ako budú kázať, ak nie sú poslaní? Ako je napísané: „Aké krásne sú nohy tých, čo hlásajú dobrú zvesť."

V 2 Kr. 5 je príbeh o Námanovi, veliteľovi armády aramejského kráľa. Náman bol kráľom považovaný za zámožného a ušľachtilého človeka, pretože mnohokrát zachránil svoju krajinu. Získal slávu a bohatstvo a nič mu nechýbalo. Napriek tomu Náman trpel malomocenstvom. V tých dňoch bolo malomocenstvo nevyliečiteľnou chorobou a považovalo sa za prekliatie z neba, takže Námanovi bola jeho chrabrosť a bohatstvo zbytočné. Ani jeho vlastný kráľ mu nevedel pomôcť.

Viete si predstaviť srdce Námana, ktorý sledoval, ako jeho kedysi zdravé telo deň čo deň hnije a rozkladá sa? Dokonca aj členovia jeho vlastnej rodiny si od neho držali odstup, lebo sa obávali, že aj oni sa môžu chorobou nakaziť. Ako bezmocne sa musel Náman cítiť?

Ale Boh mal pripravený dobrý plán pre Námana, pohanského veliteľa. Bola tam otrokyňa, ktorú zajali v Izraeli a teraz slúžila Námanovej manželke.

Peklo

Náman sa uzdravil po poslúchnutí rady otrokyne

Otrokyňa, aj keď bola malým dievčaťom, poznala spôsob, ako vyriešiť Námanov problém. Dievča verilo, že Elizeus, prorok v Samárii, mohol vyliečiť pánovo ochorenie. Odvážne predniesla svojmu pánovi správu o Božej moci zobrazovanej prostredníctvom Elizea. Nedržala jazyk za zubami, najmä o niečom, v čo verila. Po vypočutí tejto správy, Náman s najväčšou úprimnosťou pripravil obety a šiel za prorokom.

Čo si myslíte, že sa stalo s Námanom? Bol úplne uzdravený mocou Boha, ktorý bol s Elizeom. Dokonca vyznal: *„Teraz viem; že na celej zemi niet Boha, iba v Izraeli"* (2 Kr. 5:15). Náman bol vyliečený nielen z jeho choroby, ale bol vyriešený aj problém jeho ducha.

O tomto príbehu Ježiš hovorí v Lk. 4:27: *„a tam bolo veľa malomocných v Izraeli v čase Elizea proroka, a žiadny z nich nebol očistený, ale len Náman Sýrsky."* Prečo bol uzdravený len pohan Náman, aj keď v Izraeli bolo veľa iných malomocných? Námanovo srdce bolo naozaj dobré a pokorné počúvať rady iných ľudí. Aj keď bol Náman pohan, Boh pre neho pripravil cestu spásy, pretože bol dobrý človek, vždy verný generál jeho kráľa a služobník, ktorý miloval svoj ľud natoľko, že bol ochotný za nich položiť aj život.

Ak by však otrokyňa Námanovi neodovzdala správu o moci Elizea, bol by zomrel bez toho, aby bol uzdravený, nieto ešte spasený. Život vznešeného a dôstojného bojovníka závisel na perách malého dievčaťa.

Odvážne hlásať evanjelium

Rovnako ako to bolo v prípade Námana, mnoho ľudí okolo vás čaká, kým otvoríte ústa. Aj v tomto živote trpia mnohými problémami a každý deň kráčajú po ceste do pekla. Aké úkrutné to bude, ak budú večne mučení po tak ťažkom živote na zemi? Preto Božie deti musia odvážne hlásať evanjelium takýmto ľuďom.

Boh bude nesmierne potešený, keď skrze moc Pána, ľudia, ktorí mali zomrieť, získajú život a ľudia, ktorí trpia, budú voľní. Tiež ich obdarí blahobytom a zdravím, hovoriac: „Ty si moje dieťa, ktoré osviežuje môjho ducha." Boh im tiež pomôže získať vieru dostatočnú na vstup do slávneho mesta Nového Jeruzalema, kde sa nachádza Boží trón. Okrem toho, nebudú tí istí ľudia, ktorí prostredníctvom vás počuli dobrú zvesť a prijali Ježiša Krista, tiež vďační za to, čo ste pre nich urobili?

Ak ľudia počas tohto života nezískajú vieru dostatočnú na to, aby boli spasení, nikdy nedostanú „druhú šancu", keď raz pôjdu do pekla. Uprostred večného utrpenia a bolesti môžu len naveky ľutovať a nariekať.

Aby ste vy počuli evanjelium a prijali Pána, bola prinesená nesmierna obeta a úsilie nespočetných predkov viery, ktorí boli za hlásanie dobrej zvesti zabití mečmi, korisťou hladných divokých zvierat alebo prijali mučeníctvo.

Čo by ste mali teraz robiť, keď viete, že ste pred peklom zachránení? Musíte sa snažiť zo všetkých síl priviesť mnoho duší z pekla do náručia Pána. V 1 Kor. 9:16 apoštol Pavol s horiacim srdcom vyznal svoju misiu: *„Veď ak hlásam evanjelium, nemám*

Peklo

sa čím chváliť, je moja povinnosť a beda mi, keby som evanjelium nehlásal."

Dúfam, že pôjdete do sveta s horiacim srdcom Pána a zachránite mnoho duší od večného trestu v pekle. Prostredníctvom tejto knihy ste spoznali večné, príšerné a úbohé miesto nazvané peklo. Modlím sa, aby ste cítili lásku Boha, ktorý nechce stratiť ani jediného človeka, bdeli vo vašom vlastnom kresťanskom živote a šírili evanjelium každému, kto ho potrebuje počuť.

V Božích očiach ste drahší ako celý svet a vzácnejší než čokoľvek vo vesmíre, pretože ste boli stvorení na Jeho obraz. Preto sa nesmiete stať otrokom hriechu, ktorý sa stavia proti Bohu a skončiť v pekle, ale musíte sa stať pravým Božím dieťaťom, ktoré chodí vo svetle, koná a žije podľa pravdy.

S rovnakou mierou potešenia, s akou Boh stvoril Adama, On sa dnes pozerá na vás. Chce, aby ste dosiahli pravé srdce, rýchlo dozreli vo viere a dosiahli úplnú mieru Kristovej plnosti.

V mene Pánovom sa modlím, aby ste bezodkladne prijali Ježiša Krista a získali požehnanie a autoritu ako vzácne Božie dieťa, a tak vo svete mohli hrať úlohu soli a svetla a viesť nespočetné množstvo ľudí ku spáse!

O autorovi:
Dr. Jaerock Lee

Dr. Jaerock Lee sa narodil v Muane, provincii Čollanam, v Kórejskej republike, v roku 1943. Vo svojich dvadsiatych rokoch Dr. Lee trpel 7 rokov rôznymi nevyliečiteľnými chorobami a očakával smrť bez nádeje na uzdravenie. Jedného dňa, na jar roku 1974, ho však jeho sestra priviedla do kostola a keď si kľakol k modlitbe, živý Boh ho okamžite vyliečil zo všetkých jeho ochorení.

Od chvíle, keď sa Dr. Lee stretol so živým Bohom cez túto úžasnú skúsenosť, miloval Boha úprimne z celého svojho srdca a v roku 1978 bol povolaný za služobníka Božieho. Zápalisto sa modlil, aby mohol jasne porozumieť vôli Božej, dokonale ju naplniť a poslúchať Slovo Božie. V roku 1982 založil Centrálny kostol Manmin v Soule, Kórei, kde sa odohralo nespočetné množstvo Božích zázrakov, vrátane zázračných uzdravení a divov.

V roku 1986 bol Dr. Lee vysvätený za pastora na výročnom zhromaždení Kórejskej sungkyulskej cirkvi Ježišovej a o štyri roky neskôr, v roku 1990, sa jeho kázne začali vysielať do Austrálie, Ruska, Filipín a mnohých ďalších krajín prostredníctvom Televíznej spoločnosti ďalekého východu, Ázijskej vysielacej stanice a Washingtonského kresťanského rádia (WCRS).

O tri roky neskôr, v roku 1993, bol Centrálny kostol Manmin časopisom *Christian World* (US) zvolený za jeden z 50 top kostolov sveta a Dr. Lee získal čestný doktorát božskosti z Kresťanskej vysokej školy viery vo Floride, USA a v roku 1996 titul Ph.D. z Kingswayského teologického seminára v Iowe, USA.

Od roku 1993 Dr. Lee viedol svetovú misiu prostredníctvom mnohých zámorských výprav v Tanzánii, Argentíne, L. A., Baltimore, na Havaji a v americkom New Yorku, v Ugande, Japonsku, Pakistane, Keni, na Filipínach, Hondurase, v Indii, Rusku, Nemecku, Peru, Demokratickej republike

Kongo a Izraeli. Jeho výpravu v Ugande vysielala CNN a na izraelskej výprave, ktorá sa konala v ICC v Jeruzaleme, vyhlásil Ježiša Krista za Mesiáša. V roku 2002 ho hlavné kresťanské noviny v Kórei nazvali „pastorom sveta", kvôli jeho činnosti na rôznych zámorských Veľkých zjednotených výpravách.

Od december 2015 je Centrálny kostol Manmin kongregáciou s viac ako 120 000 členmi. Po celom svete sa nachádza 10 000 domácich a filiálnych kostolov, vrátane 56 domácich filiálnych kostolov v najväčších mestách Kórei a doteraz bolo zriadených viac ako 103 misií v 23 krajinách sveta, vrátane Spojených Štátov, Ruska, Nemecka, Kanady, Japonska, Číny, Francúzska, Indie, Keni a mnohých ďalších.

K dátumu vydania tejto knihy napísal Dr. Lee 100 kníh, vrátane bestsellerov *Ako Chutí Večný Život pred Smrťou, Môj Život, Moja Viera I a II, Posolstvo Kríža, Miera Viery, Nebo I a II, Peklo,* a *Božia Moc.* Jeho diela boli preložené do viac ako 76 jazykov.

Jeho kresťanské články sa objavujú v *The Hankook Ilbo, The JoongAng Daily, The Chosun Ilbo, The Dong-A Ilbo, The Munhwa Ilbo, The Seoul Shinmun, The Kyunghyang Shinmun, The Korea Economic Daily, The Korea Herald, The Shisa News,* a *The Christian Press.*

Dr. Lee je v súčasnosti vodcom mnohých misijných organizácií a asociácií. Je predsedom Zjednotenej cirkvi svätosti Ježiša Krista, trvalým prezidentom Misijnej organizácie pre obnovenie svetového kresťanstva, zakladateľom a predsedom rady Globálnej kresťanskej siete (GCN), zakladateľom a predsedom rady Svetovej siete kresťanských lekárov (WCDN) a zakladateľom a predsedom rady Manminského medzinárodného seminára (MIS).

Ďalšie silné knihy od rovnakého autora

Nebo I & II

Podrobný nákres nádherného životného prostredia, z ktorého sa tešia nebeskí príslušníci a krásny popis rôznych úrovní nebeského kráľovstva.

Posolstvo Kríža

Úžasné posolstvo prebudenia pre všetkých ľudí, ktorí sú duchovne spiaci! V tejto knihe nájdete dôvod, prečo je Ježiš jediný Spasiteľ a naozajstnú lásku Boha.

Miera Viery

Čo je to za príbytok, vence a odmeny, ktoré sú pre vás pripravené v nebi? Táto kniha poskytuje múdre pokyny pre vás o tom, ako merať vieru a dosiahnuť tú najlepšiu a najzrelšiu vieru.

Ako chutí večný život pred smrťou

Svedectvo pamätí Dr Jaerocka Leeho, ktorý sa znovu narodil, bol zachránený z temného údolia smrti a odvtedy vedie dokonalý a príkladný kresťanský život.

Môj Život, Moja Viera I & II

Najvoňavejšia duchovná vôňa získaná zo života, ktorý kvitol s neporovnateľnou láskou k Bohu, uprostred temných vĺn, studeného jarma a najhlbšieho zúfalstva.

www.urimbooks.com

www.ingramcontent.com/pod-product-compliance
Lightning Source LLC
LaVergne TN
LVHW041757060526
838201LV00046B/1031